Bilingual
VISUAL
dictionary

Bilingual

VISUAL

dictionary

Previously published as part of
5-Language Visual Dictionary

Penguin
Random
House

Senior Editor Angeles Gavira
Senior Art Editor Ina Stradins
DTP Designers Sunil Sharma, Balwant Singh,
Harish Aggarwal, John Goldsmid, Ashwani Tyagi
DTP Coordinator Pankaj Sharma
Production Controller Liz Cherry
Picture Researcher Anna Grapes
Managing Editor Liz Wheeler
Managing Art Editor Phil Ormerod
Category Publisher Jonathan Metcalf

Designed for Dorling Kindersley by WaltonCreative.com
Art Editor Colin Walton, assisted by Tracy Musson
Designers Peter Radcliffe, Earl Neish, Ann Cannings
Picture Research Marissa Keating

Language content for Dorling Kindersley by
g-and-w PUBLISHING
Managed by Jane Wightwick, assisted by Ana Bremón
Translation and editing by Christine Arthur
Additional input by Dr. Arturo Pretel, Martin Prill,
Frédéric Monteil, Meinrad Prill, Mari Bremón,
Oscar Bremón, Anunchi Bremón, Leila Gaafar

First American Edition, 2009
This edition published in the United States in 2015
by DK Publishing, 345 Hudson Street, New York,
New York 10014

sommario
contents

italiano • english

informazioni sul dizionario

È dimostrato che l'uso di immagini aiuta a capire e memorizzare le informazioni. Applicando tale principio, abbiamo realizzato questo dizionario bilingue, corredato da numerosissime illustrazioni, che presenta un ampio ventaglio di vocaboli utili in due lingue europee.

Il dizionario è diviso in vari argomenti ed esamina dettagliatamente molti aspetti del mondo moderno, dal ristorante alla palestra, dalla casa all'ufficio, dallo spazio al regno animale. L'opera contiene inoltre frasi e vocaboli utili per conversare e per estendere il proprio vocabolario.

È un'opera di consultazione essenziale per tutti gli appassionati delle lingue – pratica, stimolante e facile da usare.

Indicazioni
Le due lingue vengono presentate sempre nello stesso ordine: italiano e inglese.

In italiano, i sostantivi vengono riportati con il relativo articolo determinativo, che indica il genere (maschile o femminile) e il numero (singolare o plurale), come ad esempio:

il seme   **le mandorle**
seed   almonds

I verbi sono contraddistinti da una (v) dopo il vocabolo inglese, come ad esempio:

nuotare • swim (v)

Alla fine del libro ogni lingua ha inoltre il proprio indice, che consente di cercare un vocabolo in una delle due lingue e di trovare il rimando alla pagina che gli corrisponde. Il genere è indicato dalle seguenti abbreviazioni:

m = maschile
f = femminile

about the dictionary

The use of pictures is proven to aid understanding and the retention of information. Working on this principle, this highly illustrated bilingual dictionary presents a large range of useful current vocabulary in two European languages.

The dictionary is divided thematically and covers most aspects of the everyday world in detail, from the restaurant to the gym, the home to the workplace, outer space to the animal kingdom. You will also find additional words and phrases for conversational use and for extending your vocabulary.

This is an essential reference tool for anyone interested in languages—practical, stimulating, and easy to use.

A few things to note
The two languages are always presented in the same order—Italian and English.

In Italian, nouns are given with their definite articles reflecting the gender (masculine or feminine) and number (singular or plural), for example:

il seme   **le mandorle**
seed   almonds

Verbs are indicated by a (v) after the English, for example:

nuotare • swim (v)

Each language also has its own index at the back of the book. Here you can look up a word in either of the two languages and be referred to the page number(s) where it appears. The gender is shown using the following abbreviations:

m = masculine
f = feminine

come usare questo libro

how to use this book

Che stiate imparando una lingua nuova a scopo di lavoro, per diletto o in preparazione per una vacanza all'estero, o desiderate estendere il vostro vocabolario in una lingua che vi è già familiare, questo dizionario è uno strumento di apprendimento prezioso che potete usare in vari modi diversi.

Quando imparate una lingua nuova, cercate le parole affini per origine (che sono quindi simili nelle varie lingue) ma occhio alle false analogie (vocaboli che sembrano uguali ma hanno significati molto diversi). Questo dizionario mostra inoltre come le lingue hanno influito l'una sull'altra. L'inglese, per esempio, ha importato dalle altre lingue europee molti vocaboli relativi agli alimenti ma ne ha esportati molti altri relativi alla tecnologia e alla cultura popolare.

Whether you are learning a new language for business, pleasure, or in preparation for anoverseas vacation, or are hoping to extend your vocabulary in an already familiar language, this dictionary is a valuable learning tool that you can use in a number of different ways.

When learning a new language, look for cognates (words that are alike in different languages) and "false friends" (words that look alike but carry significantly different meanings). You can also see where the languages have influenced each other. For example, English has imported many terms for food from other European languages but, in turn, exported terms used in technology and popular culture.

Attività pratiche di apprendimento

• Girando per casa, in ufficio, a scuola, guardate le pagine relative all'ambiente in cui vi trovate, poi chiudete il libro, guardatevi attorno e cercate di ricordare il nome del maggior numero possibile di oggetti e strutture.
• Provate a scrivere un racconto, una lettera o un dialogo usando il maggior numero possibile dei vocaboli riportati su di una pagina in particolare. Vi aiuterà a memorizzare i vocaboli e a ricordare come si scrivono. Se volete scrivere testi più lunghi, cominciate con delle frasi che comprendano 2 o 3 delle parole.
• Se avete una memoria molto visiva, prendete un foglio di carta e disegnatevi o ricopiatevi le immagini che appaiono nel libro, quindi chiudete il libro e scrivete le parole sotto alle immagini.
• Quando vi sentite più sicuri, scegliete dei vocaboli dall'indice di una lingua straniera e cercate di ricordarne i significati, trovando poi le pagine corrispondenti per verificare che siano giusti.

Practical learning activities

• As you move around your home, workplace, or school, try looking at the pages which cover that setting. You could then close the book, look around you and see how many of the objects and features you can name.
• Challenge yourself to write a story, letter, or dialogue using as many of the terms on a particular page as possible. This will help you retain the vocabulary and remember the spelling. If you want to build up to writing a longer text, start with sentences incorporating 2–3 words.
• If you have a very visual memory, try drawing or tracing items from the book onto a piece of paper, then closing the book and filling in the words below the picture.
• Once you are more confident, pick out words in a foreign-language index and see if you know what they mean before turning to the relevant page to see if you were right.

le persone
people

il corpo • body

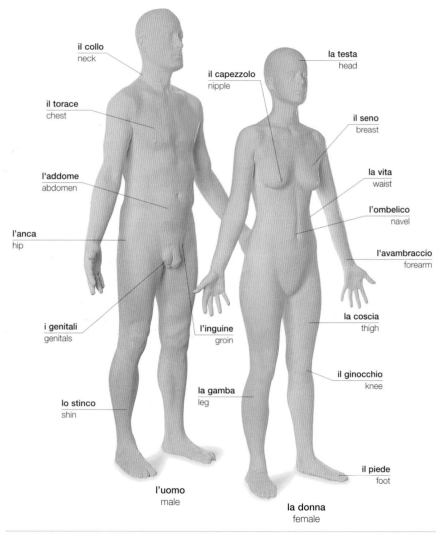

il collo
neck

la testa
head

il capezzolo
nipple

il torace
chest

il seno
breast

l'addome
abdomen

la vita
waist

l'ombelico
navel

l'anca
hip

l'avambraccio
forearm

la coscia
thigh

i genitali
genitals

l'inguine
groin

il ginocchio
knee

lo stinco
shin

la gamba
leg

il piede
foot

l'uomo
male

la donna
female

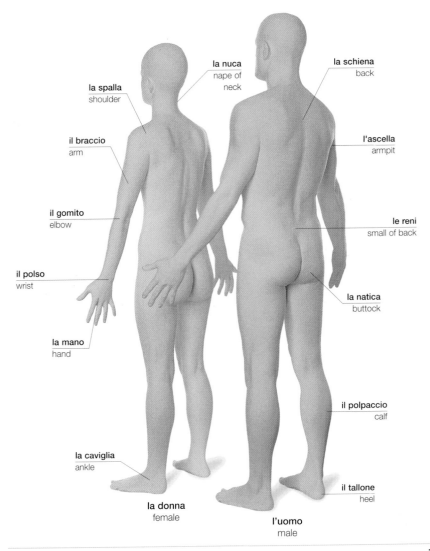

la nuca
nape of
neck

la schiena
back

la spalla
shoulder

l'ascella
armpit

il braccio
arm

il gomito
elbow

le reni
small of back

il polso
wrist

la natica
buttock

la mano
hand

il polpaccio
calf

la caviglia
ankle

la donna
female

il tallone
heel

l'uomo
male

la faccia • face

i capelli
hair

la pelle
skin

la fronte
forehead

il sopracciglio
eyebrow

la tempia
temple

il ciglio
eyelash

l'occhio
eye

l'orecchio
ear

il naso
nose

la guancia
cheek

la narice
nostril

il neo
mole

la bocca
mouth

il labbro
lip

il mento
chin

la mandibola
jaw

la ruga
wrinkle

la lentiggine
freckle

il poro
pore

la fossetta
dimple

la mano • hand

l'anulare
ring finger

il medio
middle finger

l'unghia
nail

l'indice
index finger

la cuticola
cuticle

il mignolo
little finger

il polso
wrist

il palmo
palm

la nocca
knuckle

il pollice
thumb

il pugno
fist

il piede • foot

l'alluce
big toe

l'unghia del piede
toenail

l'avampiede
ball

il dito
del piede
toe

il tallone
heel

il mignolo
del piede
little toe

il dorso del piede
bridge

la pianta del piede
sole

l'arco plantare
arch

la caviglia
ankle

il collo del piede
instep

i muscoli • muscles

il frontale
frontal

il pettorale
pectoral

il deltoide
deltoid

il trapezio
trapezius

il gran dorsale
latissimus dorsi

l'intercostale
intercostal

il bicipite
biceps

il tricipite
triceps

gli addominali
abdominals

il tendine
hamstring

la natica
buttock

il quadricipite
quadriceps

il tendine
di Achille
Achilles tendon

il polpaccio
calf

lo scheletro • skeleton

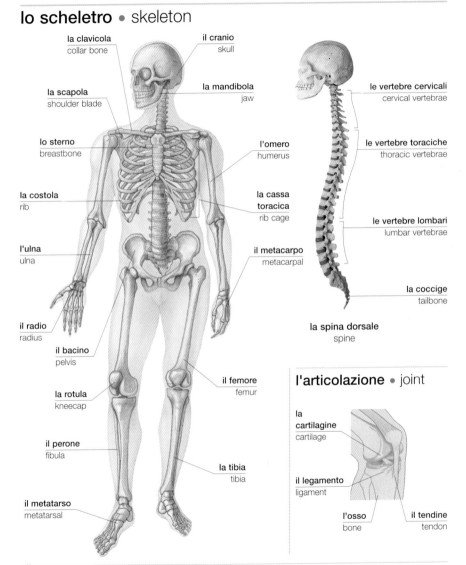

la clavicola
collar bone

il cranio
skull

la scapola
shoulder blade

la mandibola
jaw

le vertebre cervicali
cervical vertebrae

lo sterno
breastbone

l'omero
humerus

le vertebre toraciche
thoracic vertebrae

la costola
rib

la cassa
toracica
rib cage

l'ulna
ulna

le vertebre lombari
lumbar vertebrae

il metacarpo
metacarpal

il radio
radius

la coccige
tailbone

il bacino
pelvis

la spina dorsale
spine

la rotula
kneecap

il femore
femur

il perone
fibula

la tibia
tibia

il metatarso
metatarsal

l'articolazione • joint

la
cartilagine
cartilage

il legamento
ligament

l'osso
bone

il tendine
tendon

gli organi interni • internal organs

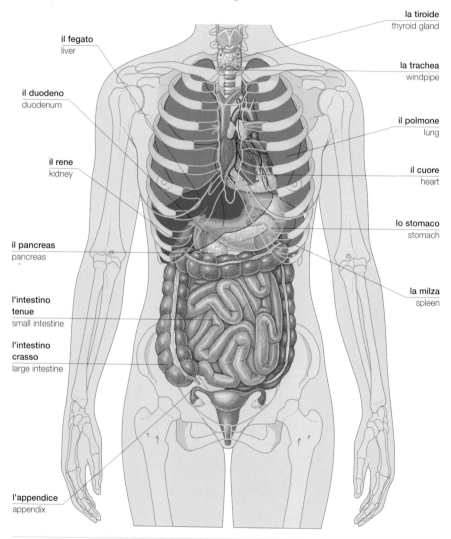

la tiroide
thyroid gland

il fegato
liver

la trachea
windpipe

il duodeno
duodenum

il polmone
lung

il rene
kidney

il cuore
heart

lo stomaco
stomach

il pancreas
pancreas

l'intestino
tenue
small intestine

la milza
spleen

l'intestino
crasso
large intestine

l'appendice
appendix

la testa • head

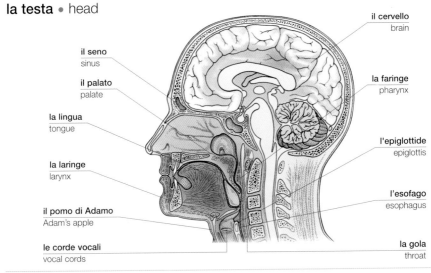

il cervello
brain

il seno
sinus

il palato
palate

la faringe
pharynx

la lingua
tongue

la laringe
larynx

l'epiglottide
epiglottis

il pomo di Adamo
Adam's apple

l'esofago
esophagus

le corde vocali
vocal cords

la gola
throat

i sistemi organici • body systems

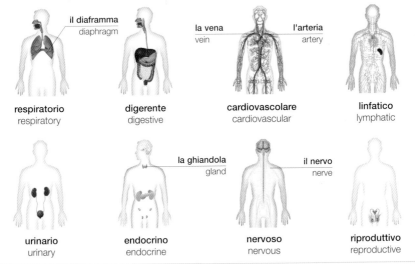

il diaframma
diaphragm

respiratorio
respiratory

digerente
digestive

la vena
vein

l'arteria
artery

cardiovascolare
cardiovascular

linfatico
lymphatic

urinario
urinary

la ghiandola
gland

endocrino
endocrine

il nervo
nerve

nervoso
nervous

riproduttivo
reproductive

gli organi riproduttivi • reproductive organs

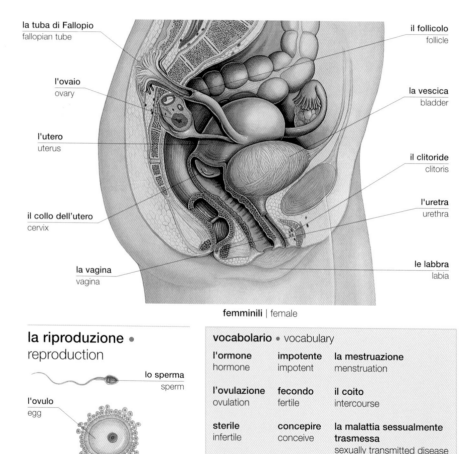

la tuba di Fallopio
fallopian tube

l'ovaio
ovary

l'utero
uterus

il collo dell'utero
cervix

la vagina
vagina

il follicolo
follicle

la vescica
bladder

il clitoride
clitoris

l'uretra
urethra

le labbra
labia

femminili | female

la riproduzione • reproduction

lo sperma
sperm

l'ovulo
egg

la fecondazione | fertilization

vocabolario • vocabulary

l'ormone hormone	impotente impotent	la mestruazione menstruation
l'ovulazione ovulation	fecondo fertile	il coito intercourse
sterile infertile	concepire conceive	la malattia sessualmente trasmessa sexually transmitted disease

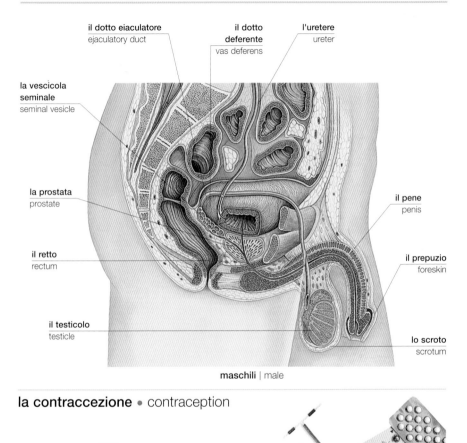

il dotto eiaculatore
ejaculatory duct

il dotto
deferente
vas deferens

l'uretere
ureter

la vescicola
seminale
seminal vesicle

la prostata
prostate

il pene
penis

il retto
rectum

il prepuzio
foreskin

il testicolo
testicle

lo scroto
scrotum

maschili | male

la contraccezione • contraception

il cappuccio
cervicale
cervical cap

il diaframma
diaphragm

il preservativo
condom

il dispositivo
intrauterino
IUD

la pillola
pill

la famiglia • family

la nonna
grandmother

il nonno
grandfather

lo zio
uncle

la zia
aunt

il padre
father

la madre
mother

il cugino
cousin

il fratello
brother

la sorella
sister

la moglie
wife

la nuora
daughter-in-law

il figlio
son

la figlia
daughter

il genero
son-in-law

il nipote
grandson

la nipote
granddaughter

il marito
husband

vocabolario • vocabulary

i parenti relatives	**i genitori** parents	**i nipoti** grandchildren	**la matrigna** stepmother	**il figliastro** stepson	**la generazione** generation
i nonni grandparents	**i bambini** children	**il patrigno** stepfather	**la figliastra** stepdaughter	**il/la compagno/-a** partner	**i gemelli** twins

la suocera
mother-in-law

il suocero
father-in-law

il cognato
brother-in-law

la cognata
sister-in-law

la nipote
niece

il nipote
nephew

gli appellativi
• titles

Signorina
Miss

Signora
Mrs.

Signore
Mr.

le fasi • stages

il bimbo
baby

il bambino
child

il ragazzo
boy

la ragazza
girl

l'adolescente
teenager

l'adulto
adult

l'uomo
man

la donna
woman

i rapporti • relationships

l'assistente	il capo	la partner di affari	il datore di lavoro	la dipendente	il collega
assistant	manager	business partner	employer	employee	colleague

l'ufficio | office

il vicino
neighbor

l'amico
friend

il conoscente
acquaintance

l'amico di penna
pen pal

il ragazzo
boyfriend

la ragazza
girlfriend

il fidanzato
fiancé

la fidanzata
fiancée

la coppia | couple

i fidanzati | engaged couple

le emozioni • emotions

il sorriso
smile

felice
happy

triste
sad

eccitato
excited

annoiato
bored

sorpreso
surprised

spaventato
scared

aggrottare
le ciglia
frown

arrabbiato
angry

confuso
confused

preoccupato
worried

nervoso
nervous

fiero
proud

fiducioso
confident

imbarazzato
embarrassed

timido
shy

vocabolario • vocabulary

sbadigliare	**ridere**	**sospirare**	**turbato**
yawn (v)	laugh (v)	sigh (v)	upset
gridare	**svenire**	**piangere**	**scioccato**
shout (v)	faint (v)	cry (v)	shocked

gli avvenimenti della vita • life events

nascere
be born (v)

iniziare la scuola
start school (v)

fare amicizia
make friends (v)

laurearsi
graduate (v)

trovare un lavoro
get a job (v)

innamorarsi
fall in love (v)

sposarsi
get married (v)

avere un bambino
have a baby (v)

il matrimonio | wedding

il divorzio
divorce

il funerale
funeral

vocabolario • vocabulary

il battesimo christening	**morire** die (v)
il bar mitzvah bar mitzvah	**fare testamento** make a will (v)
l'anniverario anniversary	**il ricevimento nuziale** wedding reception
emigrare emigrate (v)	**il viaggio di nozze** honeymoon
andare in pensione retire (v)	**il certificato di nascita** birth certificate

le celebrazioni • celebrations

la festa di
compleanno
birthday party

il biglietto d'auguri
card

il regalo
present

le feste •
festivals

il compleanno
birthday

il Natale
Christmas

la Pasqua ebraica
Passover

la processione
procession

il Capodanno
New Year

il carnevale
carnival

il Ramadan
Ramadan

il nastro
ribbon

il Giorno del Ringraziamento
Thanksgiving

la Pasqua
Easter

la Festa di Halloween
Halloween

il Diwali
Diwali

l'aspetto
appearance

gli abiti per il bambino • children's clothing

il bimbo • baby

la tutina da neve
snowsuit

la canottiera
undershirt

il bottone automatico
snap

la tutina
coverall

il pigiamino
sleeper

il pagliaccetto
romper

il bavaglino
bib

i guanti
mittens

le scarpette
booties

il pannolino di spugna
cloth diaper

il pannolino usa e getta
disposable diaper

le mutande di plastica
plastic pants

---

il bambino piccolo • toddler

il cappello per il sole
sun hat

il grembiulino
apron

la salopette
overalls

i pantaloncini
shorts

la maglietta
T-shirt

la gonna
skirt

il bambino • child

il vestito
dress

il cappuccio
hood

i jeans
jeans

i sandali
sandals

lo zaino
backpack

l'olivetta
toggle

la sciarpa
scarf

l'eskimo
parka

le galosce
wellington
boots

l'estate
summer

l'impermeabile
raincoat

l'autunno
fall

il montgomery
duffle coat

l'inverno
winter

la vestaglia
bathrobe

il distintivo
logo

le scarpe da
ginnastica
athletic shoes

la camicia da notte
nightgown

le pantofole
slippers

gli indumenti per la notte
nightwear

la tenuta da calcio
soccer uniform

la tuta
jogging suit

il pantacollant
leggings

vocabolario • vocabulary

la fibra naturale natural fiber	È lavabile in lavatrice? Is it machine washable?
sintetico synthetic	È la taglia giusta per un bambino di due anni? Will this fit a two-year-old?

l'abbigliamento da uomo • men's clothing

il colletto
collar

la cravatta
tie

la cintura
belt

il risvolto
lapel

l'asola
buttonhole

il polsino
cuff

la giacca
jacket

la tasca
pocket

i pantaloni
pants

il bottone
button

l'abito
business suit

l'impermeabile
raincoat

la fodera
lining

le scarpe
di cuoio
leather
shoes

vocabolario • vocabulary

il cardigan cardigan	**la biancheria intima** underwear	**il cappotto** coat
la tuta da sport jogging suit	**la vestaglia** dressing gown	**corto** short **lungo** long

Ha una taglia più grande/più piccola?
Do you have this in a larger/smaller size?

Posso provarlo?
May I try this on?

il blazer
blazer

la giacca sportiva
sport coat

il gilet
waistcoat

il collo a V
v-neck

il girocollo
round neck

la maglietta
T-shirt

il giaccone
parka

la felpa
sweatshirt

la camicia
shirt

il maglione
sweater

il pigiama
pajamas

la canottiera
vest

i jeans
jeans

il casual
casual wear

i calzoncini
shorts

lo slip
briefs

i boxer
boxer shorts

i calzini
socks

l'abbigliamento da donna • women's clothing

la giacca
jacket

la cucitura
seam

la manica
sleeve

alla caviglia
ankle length

la gonna
skirt

l'orlo
hem

al ginocchio
knee-length

le scarpe
shoes

formale
formal

senza
spalline
strapless

senza
maniche
sleeveless

l'abito da sera
evening dress

il vestito
dress

la camicetta
blouse

i pantaloni
pants

casual
casual

la biancheria intima • lingerie

il matrimonio • wedding

la vestaglia
robe

la sottoveste
slip

la spallina
strap

il corpetto
camisole

il reggicalze
garter

la guêpière
bustier

la calza
stocking

il collant
pantyhose

il reggiseno
bra

lo slip
panties

la camicia da notte
nightgown

il velo
veil

il pizzo
lace

il bouquet
bouquet

lo strascico
train

l'abito da sposa
wedding dress

vocabolario • vocabulary

il busto corset	**la spallina** shoulder pad
la giarrettiera garter	**attillato** tailored
scollo all'Americana halter neck	**il reggiseno sportivo** sports bra
il girovita waistband	**con armatura** underwired

gli accessori • accessories

il berretto
cap

il cappello
hat

il foulard
scarf

la fibbia
buckle

la cintura
belt

il manico
handle

la punta
tip

il fazzoletto
handkerchief

la farfalla
bow tie

il fermacravatta
tie-pin

i guanti
gloves

l'ombrello
umbrella

i gioielli • jewelry

il pendaglio
pendant

la spilla
brooch

il gemello
cufflink

il filo di perle
string of pearls

la maglia
link

il fermaglio
clasp

l'orecchino
earring

l'anello
ring

la pietra
stone

il bracciale
bracelet

la catena
chain

la collana
necklace

l'orologio
da polso
watch

il cofanetto portagioie | jewelry box

le borse • bags

il portafoglio
wallet

il portamonete
purse

la borsa a tracolla
shoulder bag

la cinghia
fastening

la bretella
shoulder strap

i manici
handles

la sacca da viaggio
duffle bag

la valigetta
briefcase

la borsetta
handbag

lo zainetto
backpack

le scarpe • shoes

il laccio
lace

la lingua
tongue

l'occhiello
eyelet

il tacco
heel

la suola
sole

la scarpa con i lacci
lace-up

lo stivale
boot

l'infradito
flip-flop

la scarpa da trekking
walking boot

la scarpa da ginnastica
athletic shoe

la scarpa da uomo
brogue

la scarpa con il tacco alto
high-heeled shoe

la zeppa
wedge

il sandalo
sandal

il mocassino
slip-on

la ballerina
pump

i capelli • hair

il pettine
comb

pettinare
comb (v)

la spazzola
brush

spazzolare | brush (v)

la parrucchiera
hairdresser

il lavandino
sink

la cliente
client

lavare | wash (v)

il grembiule
robe

sciacquare
rinse (v)

tagliare
cut (v)

asciugare con il phon
blow-dry (v)

mettere in piega
set (v)

gli accessori • accessories

l'asciugacapelli
hairdryer

lo shampoo
shampoo

il balsamo
conditioner

il gel
gel

la lacca
hairspray

l'arricciacapelli
curling iron

le forbici
scissors

il cerchietto
headband

la piastra per i capelli
hair straighteners

la forcina
hairpin

le acconciature • styles

la coda di cavallo
ponytail

la treccia
braid

la piega alla francese
French braid

la crocchia
bun

i codini
pigtails

il caschetto
bob

la sfumatura alta
crop

ricci
curly

la permanente
perm

lisci
straight

le radici
roots

i colpi di sole
highlights

calvo
bald

la parrucca
wig

vocabolario • vocabulary

l'elastico
hairband

spuntare
trim (v)

il barbiere
barber

le doppie punte
split ends

la forfora
dandruff

grassi
greasy

secchi
dry

normali
normal

il cuoio capelluto
scalp

lisciare
straighten (v)

i colori • colors

biondo
blonde

bruno
brunette

castano
auburn

rosso
red

nero
black

grigio
gray

bianco
white

tinto
dyed

la bellezza • beauty

il trucco • makeup

la tintura per capelli
hair dye

la matita per le sopracciglia
eyebrow pencil

l'ombretto
eyeshadow

la spazzolina per le sopracciglia
eyebrow brush

le pinzette
tweezers

il mascara
mascara

il lucidalabbra
lip gloss

il pennello per le labbra
lip brush

la matita per gli occhi
eyeliner

la matita per le labbra
lip liner

il fard
blusher

il pennello
brush

il correttore
concealer

il fondotinta
foundation

lo specchio
mirror

la cipria
face powder

il rossetto
lipstick

il piumino
powder puff

il portacipria | compact

i trattamenti di bellezza •
beauty treatments

la maschera
di bellezza
face mask

il lettino solare
sunbed

il trattamento
per il viso
facial

esfoliare
exfoliate (v)

la ceretta
wax

la pedicure
pedicure

la manicure • manicure

l'acetone
nail polish remover

la limetta
nail file

lo smalto per unghie
nail polish

le forbicine
per le unghie
nail scissors

il
tagliaunghie
nail clippers

gli articoli da toilette • toiletries

il latte
detergente
cleanser

la lozione
tonificante
toner

la crema
idratante
moisturizer

la crema
autoabbronzante
self-tanning cream

il
profumo
perfume

l'acqua di
colonia
cologne

vocabolario • vocabulary		
chiaro fair	grasso oily	l'abbronzatura tan
scuro dark	sensibile sensitive	il tatuaggio tattoo
secco dry	ipoallergenico hypoallergenic	antirughe antiwrinkle
la carnagione complexion	la tonalità shade	i batuffoli di ovatta cotton balls

la salute
health

la malattia • illness

la febbre | fever

il mal di testa
headache

l'emorragia
nasale
nosebleed

la tosse
cough

lo starnuto
sneeze

il raffreddore
cold

l'influenza
flu

l'inalatore
inhaler

l'asma
asthma

i crampi
cramps

la nausea
nausea

la varicella
chickenpox

lo sfogo
rash

vocabolario • vocabulary

l'infarto heart attack	il diabete diabetes	l'eczema eczema	l'infreddatura chill	vomitare vomit (v)	la diarrea diarrhea
l'ictus stroke	l'allergia allergy	l'infezione infection	svenire faint (v)	l'epilessia epilepsy	il morbillo measles
la pressione sanguigna blood pressure	la febbre da fieno hayfever	il virus virus	il mal di stomaco stomachache	l'emicrania migraine	gli orecchioni mumps

il medico • doctor
la visita • consultation

il medico
doctor

il negatoscopio
X-ray viewer

la ricetta
prescription

la paziente
patient

l'infermiera
nurse

la bilancia
scale

il manicotto
cuff

il misuratore elettronico
della pressione
electric blood pressure monitor

vocabolario • vocabulary

l'appuntamento
appointment

l'inoculazione
vaccination

l'ambulatorio
surgery

il termometro
thermometer

la sala d'attesa
waiting room

la visita medica
medical
examination

Ho bisogno di vedere un medico.
I need to see a doctor.

Ho un dolore qui.
It hurts here.

la ferita • injury

**la fascia
a tracolla**
sling

il collare
neck brace

la slogatura | sprain

la frattura
fracture

il colpo di frusta
whiplash

il taglio
cut

la sbucciatura
graze

il livido
bruise

la scheggia
splinter

la scottatura
sunburn

l'ustione
burn

il morso
bite

la puntura
sting

---

vocabolario • vocabulary

l'incidente accident	**l'emorragia** hemorrhage	**la commozione cerebrale** concussion	**Si rimetterà?** Will he/she be all right?
l'emergenza emergency	**la vescica** blister	**la ferita alla testa** head injury	**Chiami un'ambulanza, per favore.** Please call an ambulance.
la ferita wound	**l'avvelenamento** poisoning	**la scossa elettrica** electric shock	**Dove le fa male?** Where does it hurt?

---

il pronto soccorso • first aid

la pomata
ointment

il cerotto
adhesive
bandage

la spilla da balia
safety pin

la benda
bandage

gli antidolorifici
painkillers

la salvietta
antisettica
antiseptic wipe

le pinzette
tweezers

le forbici
scissors

il disinfettante
antiseptic

la cassetta di pronto soccorso | first aid box

la garza
gauze

la bendatura
dressing

la stecca
splint

il nastro
adesivo
adhesive tape

la rianimazione
resuscitation

vocabolario • vocabulary

lo shock shock	**sterile** sterile	**soffocare** choke (v)	**Può aiutarmi?** Can you help?
privo di sensi unconscious	**la respirazione** breathing	**le pulsazioni** pulse	**Sa dare pronto soccorso?** Do you know first aid?

l'ospedale • hospital

il chirurgo
surgeon

la scheda del paziente
chart

l'analisi del sangue
blood test

l'anestetista
anesthetist

l'infermiera
nurse

l'iniezione
injection

la sala operatoria
operating room

la lettiga
gurney

il pulsante di chiamata
call button

la radiografia
X-ray

la sala emergenze
emergency room

il reparto
ward

la sedia a rotelle
wheelchair

l'ecografia
scan

vocabolario • vocabulary

l'operazione operation	dimesso discharged	l'orario delle visite visiting hours	il reparto maternità maternity ward	il paziente esterno outpatient
ricoverato admitted	la clinica clinic	il reparto pediatrico children's ward	la camera privata private room	il reparto di cura intensiva intensive care unit

i reparti • departments

l'otorinolaringologia
ENT (otolaryngology)

la cardiologia
cardiology

l'ortopedia
orthopedics

la ginecologia
gynecology

la fisioterapia
physiotherapy

la dermatologia
dermatology

la pediatria
pediatrics

la radiologia
radiology

la chirurgia
surgery

la maternità
maternity

la psichiatria
psychiatry

l'oftalmologia
ophthalmology

vocabolario • vocabulary

la neurologia neurology	**l'urologia** urology	**l'analisi** test	**la patologia** pathology	**il risultato** result
l'oncologia oncology	**l'endocrinologia** endocrinology	**lo specialista** specialist	**la chirurgia plastica** plastic surgery	**mandare da uno specialista** referral

il dentista • dentist

il dente • tooth

il controllo • checkup

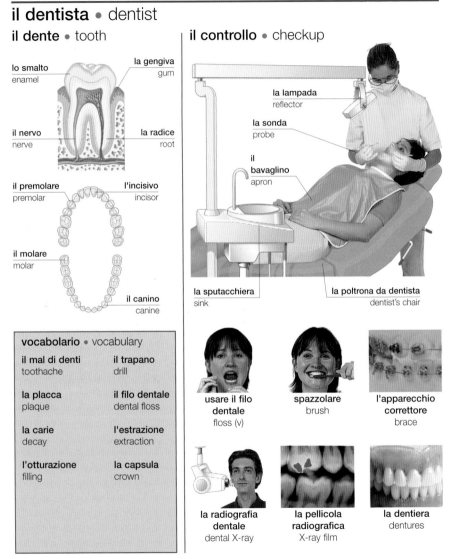

lo smalto
enamel

la gengiva
gum

il nervo
nerve

la radice
root

il premolare
premolar

l'incisivo
incisor

il molare
molar

il canino
canine

la lampada
reflector

la sonda
probe

il bavaglino
apron

la sputacchiera
sink

la poltrona da dentista
dentist's chair

vocabolario • vocabulary

il mal di denti toothache	**il trapano** drill
la placca plaque	**il filo dentale** dental floss
la carie decay	**l'estrazione** extraction
l'otturazione filling	**la capsula** crown

usare il filo dentale
floss (v)

spazzolare
brush

l'apparecchio correttore
brace

la radiografia dentale
dental X-ray

la pellicola radiografica
X-ray film

la dentiera
dentures

l'oculista • optometrist

la custodia
case

la lente
lens

la montatura
frame

gli occhiali
glasses

gli occhiali da sole
sunglasses

la soluzione per la pulizia
cleaning fluid

la soluzione
disinfettante
disinfectant solution

la custodia
per le lenti
lens case

l'esame della vista | eye test

le lenti a contatto | contact lenses

l'occhio • eye

il sopracciglio
eyebrow

la palpebra
eyelid

la pupilla
pupil

il ciglio
eyelash

l'iride
iris

la retina
retina

il cristallino
lens

il nervo ottico
optic nerve

la cornea
cornea

vocabolario • vocabulary	
la vista vision	**l'astigmatismo** astigmatism
la diottria diopter	**la presbiopia** farsightedness
la lacrima tear	**la miopia** nearsightedness
la cataratta cataract	**bifocale** bifocal

la gravidanza • pregnancy

il test di gravidanza
pregnancy test

l'ecografia
scan

l'ultrasuono | ultrasound

**il cordone
ombelicale**
umbilical cord

la placenta
placenta

la cervice
cervix

l'utero
uterus

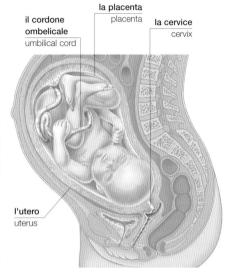

il feto | fetus

---

vocabolario • vocabulary

l'ovulazione ovulation	**prenatale** prenatal	**l'utero** womb	**la dilatazione** dilation	**i punti** stitches	**podalico** breech
il concepimento conception	**il trimestre** trimester	**l'amniocentesi** amniocentesis	**l'epidurale** epidural	**il parto** delivery	**prematuro** premature
incinta pregnant	**l'embrione** embryo	**la contrazione** contraction	**l'episiotomia** episiotomy	**la nascita** birth	**il ginecologo** gynecologist
in stato interessante expecting	**il liquido amniotico** amniotic fluid	**rompere le acque** break water (v)	**il taglio cesareo** cesarean section	**l'aborto spontaneo** miscarriage	**l'ostetrico** obstetrician

---

il parto • childbirth

la flebo
drip

l'ostetrica
midwife

il monitor
monitor

il catetere
catheter

indurre il travaglio
induce labor (v)

l'incubatrice | incubator

il peso alla nascita
birth weight

il forcipe
forceps

la ventosa
suction cup

il parto assistito
assisted delivery

la targhetta d'identità
identity tag

il neonato
newborn baby

l'allattamento • nursing

la pompa tiralatte
breast pump

il reggiseno da allattamento
nursing bra

allattare al seno
breastfeed (v)

le coppe
pads

le terapie alternative • complementary therapy

la maglietta
t-shirt

il massaggio
massage

il tappetino
mat

lo shiatsu
shiatsu

lo yoga | yoga

la chiropratica
chiropractic

l'osteopatia
osteopathy

la riflessologia
reflexology

la meditazione
meditation

l'assistente socio-
psicologico
counselor

la terapia di gruppo
group therapy

il reiki
reiki

l'agopuntura
acupuncture

la medicina aiurvedica
ayurveda

l'ipnositerapia
hypnotherapy

l'erbalismo
herbalism

gli oli essenziali
essential oils

l'aromaterapia
aromatherapy

l'omeopatia
homeopathy

l'agopressione
acupressure

la terapista
therapist

la psicoterapia
psychotherapy

vocabolario • vocabulary

la cristalloterapia crystal healing	**la naturopatia** naturopathy	**il rilassamento** relaxation	**l'erba** herb
l'idroterapia hydrotherapy	**il feng shui** feng shui	**lo stress** stress	**l'integratore** supplement

la casa
home

la casa • house

il tetto
roof

la grondaia
gutter

il camino
chimney

l'abbaino
dormer window

il muro
wall

la gronda
eaves

la tegola
shingle

la persiana
shutter

il portico
porch

la finestra
window

l'annesso
extension

il viottolo
sidewalk

il portone
front door

vocabolario • vocabulary

unifamiliare single-family	**la casa di città** townhouse	**il garage** garage	**il piano** floor	**il seminterrato** basement	**affittare** rent (v)
bifamiliare duplex	**il bungalow** ranch house	**l'attico** attic	**il cortile** courtyard	**la stanza** room	**l'affitto** rent
a schiera row house	**l'allarme antifurto** burglar alarm	**la cassetta per le lettere** mailbox	**la luce del portico** porch light	**il padrone di casa** landlord	**l'inquilino** tenant

l'ingresso • entrance

l'appartamento •
apartment

il corrimano
hand rail

il pianerottolo
landing

la ringhiera
banister

le scale
staircase

l'entrata
foyer

il campanello
doorbell

lo zerbino
doormat

il battente
door knocker

la catenella
door chain

la chiave
key

la serratura
lock

il chiavistello
bolt

il balcone
balcony

il palazzo
apartment building

il citofono
intercom

l'ascensore
elevator

i sistemi interni • internal systems

la pala
blade

il ventilatore
fan

il calorifero
radiator

la stufa
space heater

la stufa a convezione
convector heater

l'elettricità • electricity

la messa a terra
ground

il filamento
filament

neutro
neutral

il piedino
pin

in tensione
live

la lampadina a risparmio energetico
energy-saving bulb

la spina
plug

i fili
wires

---

vocabolario • vocabulary

la tensione	il fusibile	la presa	il generatore	il trasformatore
voltage	fuse	outlet	generator	transformer
l'ampere	la valvoliera	l'interruttore	l'elettricità	l'alimentazione di rete
amp	fuse box	switch	power	household current
l'interruzione di corrente	la corrente continua	la corrente alternata	il contatore di corrente	
power outage	direct current	alternating current	electric meter	

l'impianto idraulico • plumbing

l'entrata
inlet

l'uscita
outlet

la valvola della pressione
pressure valve

l'isolamento
insulation

il tubo di troppopieno
overflow pipe

il serbatoio
tank

il serbatoio dell'acqua
water chamber

il rubinetto di scarico
drain cock

il termostato
thermostat

il bruciatore a gas
gas burner

l'elemento riscaldante
heating element

lo scaldaacqua
water heater

l'acquaio • sink

il rubinetto
faucet

la leva
lever

la guarnizione
gasket

il tubo dell'acqua
supply pipe

il rubinetto di arresto
shutoff valve

lo scolo
drain

il macinatore di rifiuti
waste disposal unit

il water • toilet

la cassetta
tank

il galleggiante
float ball

il sedile
seat

la tazza
bowl

il tubo di scolo
waste pipe

lo smaltimento dei rifiuti • waste disposal

la bottiglia
bottle

il coperchio
lid

il pedale
pedal

il contenitore di riciclaggio
recycling bin

la pattumiera
garbage can

l'unità di smistamento
sorting unit

i rifiuti organici
organic waste

il salotto • living room

l'applique
wall light

il caminetto
fireplace

il soffitto
ceiling

il vaso
vase

il cuscino
cushion

la lampada
lamp

il tavolino
coffee table

il divano
sofa

il pavimento
floor

la cornice
frame

la tenda
curtain

la tendina
net curtain

la veneziana
venetian blind

l'avvolgibile
roller shade

il quadro
painting

la cornice
molding

la poltrona
armchair

la libreria
bookshelf

il divano letto
sofabed

il tappeto
rug

lo studio | study

la sala da pranzo • dining room

il pepe
pepper

il sale
salt

il tavolo
table

i piatti
crockery

le posate
cutlery

la sedia
chair

lo schienale
back

il sedile
seat

la gamba
leg

---

vocabolario • vocabulary

servire serve (v)	**la colazione** breakfast	**il pranzo** lunch	**sazio** full	**affamato** hungry	**Posso averne ancora, per favore?** Can I have some more, please?
mangiare eat (v)	**la tovaglia** tablecloth	**la cena** dinner	**il pasto** meal	**l'ospite** guest	**Sono sazio, grazie.** I've had enough, thank you.
apparecchiare set the table (v)	**il sottopiatto** placemat	**la porzione** portion	**il padrone di casa** host	**la padrona di casa** hostess	**Era squisito.** That was delicious.

---

le stoviglie e le posate • crockery and cutlery

il cucchiaino
teaspoon

la tazza
mug

la tazzina da caffè
coffee cup

la tazza da tè
teacup

il piatto
plate

la ciotola
bowl

il calice da vino
wine glass

il bicchiere
tumbler

la caffettiera
cafetière

la teiera
teapot

la brocca
jug

il portauovo
egg cup

la cristalleria
glassware

il portatovagliolo
napkin ring

il piattino
side plate

il piatto
piano
dinner plate

il piatto
fondo
soup bowl

il cucchiaio da
minestra
soup spoon

la forchetta
fork

il tovagliolo
napkin

il cucchiaio
spoon

il coltello
knife

il coperto
place setting

la cucina • kitchen

le mensole
shelves

l'alzatina
paraspruzzi
backsplash

il rubinetto
faucet

il lavandino
sink

il cassetto
drawer

la cappa
extractor

il fornello
di ceramica
ceramic
range

il piano
di lavoro
countertop

il forno
oven

l'armadietto
cabinet

gli elettrodomestici • appliances

il forno a microonde
microwave oven

il bollitore
electric kettle

il tostapane
toaster

il recipiente
mixing bowl

la lama
blade

il tritatutto
food processor

il coperchio
lid

il frullatore
blender

la lavastoviglie
dishwasher

il fabbrica-
ghiaccio
icemaker

il
congelatore
freezer

la mensola
shelf

il cassetto
per la verdura
crisper

il frigocongelatore | refrigerator

vocabolario • vocabulary

il piano di cottura range	**congelare** freeze (v)
lo scolapiatti draining board	**scongelare** defrost (v)
il fornello burner	**cuocere al vapore** steam (v)
la pattumiera garbage can	**saltare in padella** sauté (v)

cucinare • cooking

sbucciare
peel (v)

affettare
slice (v)

grattugiare
grate (v)

versare
pour (v)

mescolare
mix (v)

sbattere
whisk (v)

bollire
boil (v)

friggere
fry (v)

spianare
roll (v)

rimestare
stir (v)

**cuocere a
fuoco lento**
simmer (v)

affogare
poach (v)

cuocere al forno
bake (v)

arrostire
roast (v)

**cuocere alla
griglia**
broil (v)

gli utensili da cucina • kitchenware

il coltello da pane
bread knife

il tagliere
cutting board

il coltello da cucina
kitchen knife

la mannaia
cleaver

l'affilacoltelli
knife sharpener

il martello
meat tenderizer

lo spiedino
skewer

il pelapatate
vegetable peeler

il cavatorsoli
apple corer

la grattugia
grater

il pestello
pestle

il mortaio
mortar

lo schiacciapatate
masher

l'apriscatole
can opener

l'apribottiglie
bottle opener

lo spremaglio
garlic press

**il cucchiaio
da portata**
serving spoon

la paletta forata
slotted spatula

lo scolapasta
colander

la spatola
spatula

**il cucchiaio
di legno**
wooden spoon

la schiumarola
slotted spoon

il mestolo
ladle

il forchettone
carving fork

il cucchiaio dosatore
ice-cream scoop

la frusta
whisk

il colino
sieve

il coperchio
lid

antiaderente
nonstick

la padella
frying pan

la pentola
saucepan

la padella per grigliare
grill pan

il wok
wok

la casseruola di terracotta
earthenware dish

di vetro
glass

pirofilo
ovenproof

la scodella
mixing bowl

lo stampo per soufflé
soufflé dish

il piatto da gratin
gratin dish

lo stampo
ramekin

la casseruola
casserole dish

la cottura dei dolci • baking cakes

la bilancia
scale

il bricco misuratore
measuring cup

lo stampo per dolci
cake pan

lo stampo per torte
pie pan

lo stampo per flan
quiche pan

il pennello da cucina
pastry brush

il matterello
rolling pin

la tasca da pasticciere
piping bag

la teglia per pasticcini
muffin pan

la placca da forno
baking sheet

la gratella
cooling rack

il guanto da forno
oven mitt

il grembiule
apron

la camera da letto • bedroom

l'armadio
wardrobe

l'abatjour
bedside lamp

la testata
headboard

il comodino
nightstand

il cassettone
chest of drawers

il cassetto	il letto	il materasso	il copriletto	il guanciale
drawer	bed	mattress	bedspread	pillow

la borsa calda
hot-water bottle

la radiosveglia
clock radio

la sveglia
alarm clock

la scatola di fazzolettini
box of tissues

la gruccia
coat hanger

la biancheria da letto • bed linen

lo specchio
mirror

la toeletta
dressing
table

la federa
pillowcase

il lenzuolo
sheet

la balza
dust ruffle

il piumone
comforter

la trapunta
quilt

il pavimento
floor

la coperta
blanket

vocabolario • vocabulary

la termocoperta electric blanket	**la molla** spring	**l'insonnia** insomnia	**svegliarsi** wake up (v)	**mettere la sveglia** set the alarm (v)
il letto singolo twin bed	**il tappeto** carpet	**andare a letto** go to bed (v)	**alzarsi** get up (v)	**russare** snore (v)
il letto matrimoniale full bed	**la pedana del letto** footboard	**addormentarsi** go to sleep (v)	**fare il letto** make the bed (v)	**l'armadio a muro** built-in wardrobe

la stanza da bagno • bathroom

il portasciugamani
towel bar

**la porta
della doccia**
shower door

**il rubinetto
dell'acqua fredda**
cold faucet

**il rubinetto
dell'acqua
calda**
hot faucet

**il soffione
della doccia**
shower head

il lavandino
sink

il tappo
plug

la doccia
shower

lo scolo
drain

il sedile
toilet seat

la vasca
bathtub

il bidè | bidet

il water
toilet

**la spazzola
da water**
toilet brush

---

vocabolario • vocabulary

la carta igienica
toilet paper

lo scendibagno
bath mat

**l'armadietto dei
medicinali**
medicine cabinet

la tenda da doccia
shower curtain

farsi la doccia
take a shower (v)

farsi il bagno
take a bath (v)

l'igiene dentale • dental hygiene

lo spazzolino da denti
toothbrush

**il filo
interdentale**
dental floss

il dentifricio
toothpaste

il collutorio
mouthwash

la spugna
sponge

la pomice
pumice stone

la spazzola
back brush

il deodorante
deodorant

il portasapone
soap dish

il gel per doccia
shower gel

il sapone
soap

la crema per il viso
face cream

il bagnoschiuma
bubble bath

l'asciugamano piccolo
hand towel

l'asciugamano grande
bath towel

gli asciugamani
towels

la lozione per il corpo
body lotion

il talco
talcum powder

l'accappatoio
bathrobe

la rasatura • shaving

il rasoio elettrico
electric razor

la lametta
razor blade

la schiuma da barba
shaving foam

il rasoio monouso
disposable razor

il dopobarba
aftershave

la camera dei bambini • baby's room

l'igiene del neonato • baby care

la pomata
antirossore
diaper rash cream

la spugna
sponge

la salviettina
umidificata
wet wipe

la vaschetta
baby bath

il vasino
potty

il materassino
changing mat

dormire • sleeping

il lenzuolo
sheet

la coperta
blanket

la giostrina
mobile

le sbarre
bars

la felpa
fleece

la biancheria da letto
bedding

il paracolpi
bumper

il materasso
mattress

il lettino | crib

il sonaglio
rattle

il portabebè
bassinet

il gioco • playing

la bambola
doll

il giocattolo di pezza
soft toy

la casa delle bambole
dollhouse

la casa da gioco
playhouse

l'orsacchiotto
teddy bear

il giocattolo
toy

il cesto dei giocattoli
toy basket

la palla
ball

il box
playpen

la sicurezza • safety

il fermo di sicurezza
child lock

l'interfono
baby monitor

lo sbarramento
stair gate

il pasto • eating

il seggiolone
high chair

la tettarella
nipple

la tazza per bere
drinking cup

il biberon
bottle

la passeggiata • going out

la capote
hood

il passeggino
stroller

la carrozzina
baby carriage

il pannolino
diaper

la culla portatile
carrier

la borsa per il cambio
diaper bag

il marsupio
baby sling

la lavanderia • utility room

il bucato • laundry

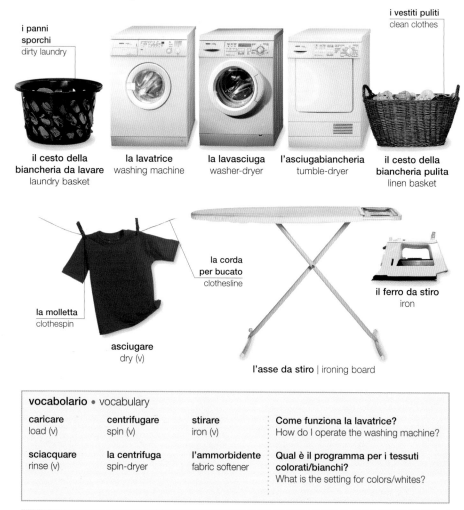

i panni sporchi
dirty laundry

i vestiti puliti
clean clothes

il cesto della biancheria da lavare
laundry basket

la lavatrice
washing machine

la lavasciuga
washer-dryer

l'asciugabiancheria
tumble-dryer

il cesto della biancheria pulita
linen basket

la corda per bucato
clothesline

il ferro da stiro
iron

la molletta
clothespin

asciugare
dry (v)

l'asse da stiro | ironing board

---

vocabolario • vocabulary

caricare load (v)	**centrifugare** spin (v)	**stirare** iron (v)	**Come funziona la lavatrice?** How do I operate the washing machine?
sciacquare rinse (v)	**la centrifuga** spin-dryer	**l'ammorbidente** fabric softener	**Qual è il programma per i tessuti colorati/bianchi?** What is the setting for colors/whites?

gli accessori per la pulizia • cleaning equipment

il tubo di
aspirazione
suction hose

la spazzola
brush

la paletta
dust pan

la varechina
bleach

il secchio
pail

in polvere
powder

liquido
liquid

lo spolverino
duster

l'aspirapolvere
vacuum cleaner

la scopa lavapavimenti
mop

il detergente
detergent

la cera
polish

le attività • activities

pulire
clean (v)

lavare
wash (v)

asciugare
wipe (v)

fregare
scrub (v)

raschiare
scrape (v)

la scopa
broom

spazzare
sweep (v)

spolverare
dust (v)

lucidare
polish (v)

il laboratorio • workshop

il mandrino
chuck

la punta
drill bit

la sega da traforo
jigsaw

la batteria
battery pack

il trapano ricaricabile
cordless drill

il trapano elettrico
electric drill

la pistola per colla
glue gun

il morsetto
clamp

la lama
blade

la morsa
vise

la levigatrice
sander

la sega circolare
circular saw

il banco da lavoro
workbench

la colla da legno
wood glue

la rastrelliera
per gli arnesi
tool rack

la contornitrice
router

il girabacchino
bit brace

i trucioli
wood shavings

la prolunga
extension cord

le tecniche • techniques

tagliare
cut (v)

segare
saw (v)

forare
drill (v)

martellare
hammer (v)

piallare
plane (v)

tornire
turn (v)

la lega per saldatura
solder

incidere
carve (v)

saldare
solder (v)

i materiali • materials

il legno duro
hardwood

il filo
wire

l'MDF
MDF

il compensato
plywood

il cavo
cable

il truciolato
chipboard

la lacca
varnish

**l'acciaio
inossidabile**
stainless steel

la masonite
hardboard

**il mordente
per legno**
woodstain

zincato
galvanized

**il legno
dolce**
softwood

il legno | wood

il metallo | metal

la scatola degli attrezzi • toolbox

la chiave
wrench

la chiave regolabile
adjustable wrench

il martello
hammer

le pinze ad ago
needlenose pliers

la chiave a tubo
socket wrench

la punte per cacciavite
screwdriver bits

la livella
level

il cacciavite
screwdriver

la rondella
washer

il dado
nut

il metro
tape measure

il coltello
knife

le pinze tonde
bullnose pliers

la bussola
socket

la chiave
Allen key

le punte • drill bits

la punta per metalli
metal bit

la punta piana per legno
flat wood bit

il cacciavite a croce
Phillips screwdriver

l'alesatore
reamer

la testa
head

le punte da falegnameria
carpentry bits

la punta di sicurezza
security bit

il chiodo
nail

la punta per muratura
masonry bit

la vite
screw

la pinza spelafilo
wire strippers

la pinza tagliafilo
wire cutters

il saldatoio
soldering iron

il nastro
isolante
insulating
tape

le lega per
saldatura
solder

il bisturi
scalpel

la sega da traforo
fretsaw

la sega per tenoni | tenon saw

gli occhiali
protettivi
safety goggles

la pialla
plane

il seghetto
handsaw

**la cassetta guidalama
per ugnature**
miter block

il seghetto per metalli
hacksaw

la chiave inglese
wrench

il trapano
manuale
hand drill

la lana d'acciaio
steel wool

la carta vetrata
sandpaper

lo sturalavandini
plunger

lo scalpello
chisel

la lima
file

l'affilatore
whetstone

il tagliatubi | pipe cutter

la decorazione • decorating

le forbici
scissors

il coltello da pacchi
utility knife

il filo a piombo
plumb line

il raschietto
scraper

il decoratore
decorator

la carta da parati
wallpaper

la scala a libretto
stepladder

la spazzola
wallpaper brush

il tavolo da lavoro
pasting table

il pennello da colla
pasting brush

la colla da parati
wallpaper paste

il secchio
pail

tappezzare | wallpaper (v)

staccare
strip (v)

otturare
fill (v)

scartavetrare
sand (v)

intonacare | plaster (v)

incollare | hang (v)

piastrellare | tile (v)

il rullo
roller

la vaschetta per la vernice
paint tray

la vernice
paint

il pennello
brush

il barattolo
di vernice
paint can

la spugna
sponge

il nastro adesivo
coprente
masking tape

la carta
vetrata
sandpaper

la tuta
overalls

la trementina
turpentine

il telo di
protezione
dust sheet

lo stucco
filler

l'acquaragia
mineral spirits

dipingere
paint (v)

vocabolario • vocabulary

l'intonaco plaster	lucido gloss	la carta a rilievo embossed paper	la mano di fondo undercoat	il sigillante sealant
la vernice trasparente varnish	opaco mat	la carta di fondo lining paper	la mano finale topcoat	il solvente solvent
la pittura latex paint	lo stampino stencil	la vernice di base primer	il conservante preservative	la malta grout

il giardino • garden

i tipi di giardino • garden styles

il giardino a patio
patio garden

il giardino all'italiana | formal garden

il giardino all'inglese
cottage garden

il giardino di erbe
herb garden

il giardino pensile
roof garden

il giardino di rocce
rock garden

il cortile
courtyard

il giardino acquatico
water garden

il cesto sospeso
hanging basket

il graticcio
trellis

la pergola
pergola

la pavimentazione
paving

il sentiero
path

la concimaia
compost heap

l'aiuola
flowerbed

il cancello
gate

il prato
lawn

il laghetto
pond

la siepe
hedge

l'arco
arch

l'orto
vegetable
garden

il capanno
shed

la serra
greenhouse

il recinto
fence

il bordo erbaceo
herbaceous border

il terreno •
soil

**lo strato
superficiale**
topsoil

la sabbia
sand

il calcare
chalk

il limo
silt

l'argilla
clay

il tavolato
decking

la fontana | fountain

le piante da giardino • garden plants

i tipi di piante • types of plants

annuale
annual

biennale
biennial

perenne
perennial

il bulbo
bulb

la felce
fern

il giunco
rush

il bambù
bamboo

le erbacce
weeds

l'erba aromatica
herb

la pianta acquatica
water plant

l'albero
tree

la palma
palm

la conifera
conifer

sempreverde
evergreen

a foglie caduche
deciduous

l'arte topiaria
topiary

le piante da roccia
alpine

la pianta grassa
succulent

il cactus
cactus

la pianta da vaso
potted plant

la pianta d'ombra
shade plant

il rampicante
climber

**l'arbusto
da fiore**
flowering shrub

**la pianta
copriterreno**
ground cover

la pianta strisciante
creeper

ornamentale
ornamental

l'erba
grass

gli attrezzi da giardino • garden tools

la scopa di ferro
lawn rake

il terriccio
compost

i semi
seeds

la farina di ossa
bone meal

la ghiaia
gravel

la vanga
spade

il forcone
fork

le forbici tagliabordi
long-handled shears

il rastrello
rake

la zappa
hoe

il raccoglierba
grass bag

il motore
motor

il manico
handle

il cestello
trug

la protezione
shield

il sostegno
stand

il tagliabordi
trimmer

il tosaerba
lawnmower

la carriola
wheelbarrow

la forchetta
hand fork

la cesoia
pruners

i guanti da giardinaggio
gardening gloves

la paletta
trowel

lo spago
twine

le etichette
labels

la lama
blade

il semenzaio
seed tray

le fettucce
twist ties

le forbici da giardino
shears

le canne
canes

gli anelli
ring ties

il setaccio
sieve

la sega
hand saw

il pesticida
pesticide

il vaso da fiori
plant pot

le galosce
rubber boots

---

l'annaffiatura • watering

il diffusore
spray bottle

il becco
nozzle

l'irrigatore
sprinkler

l'annaffiatoio
watering can

la pompa da giardino
hose

la rosa
rose

l'avvolgitubo | hose reel

---

il giardinaggio • gardening

il prato
lawn

l'aiuola
flowerbed

il tosaerba
lawnmower

la siepe
hedge

il tutore
stake

tagliare l'erba | mow (v)

**ricoprire di
zolle erbose**
turf (v)

inforcare
spike (v)

rastrellare
rake (v)

spuntare
trim (v)

scavare
dig (v)

seminare
sow (v)

**concimare a
spandimento**
topdress (v)

annaffiare
water (v)

italiano • english

far crescere
train (v)

togliere i fiori appassiti
deadhead (v)

spruzzare
spray (v)

la canna
cane

la talea
cutting

innestare
graft (v)

propagare
propagate (v)

potare
prune (v)

legare a un tutore
stake (v)

trapiantare
transplant (v)

sradicare le erbacce
weed (v)

coprire con strato protettivo
mulch (v)

raccogliere
harvest (v)

vocabolario • vocabulary

coltivare cultivate (v)	**architettare** landscape (v)	**concimare** fertilize (v)	**setacciare** sift (v)	**biologico** organic	**il semenzale** seedling	**il sottosuolo** subsoil
curare tend (v)	**invasare** pot (v)	**cogliere** pick (v)	**aerare** aerate (v)	**lo scolo** drainage	**il concime** fertilizer	**il diserbante** weedkiller

i servizi
services

i servizi di emergenza • emergency services

l'ambulanza • ambulance

la barella
stretcher

l'ambulanza
ambulance

il paramedico
paramedic

la polizia • police

il distintivo
badge

l'uniforme
uniform

la sirena
siren

le luci
lights

l'auto della polizia
police car

la stazione di polizia
police station

il manganello
nightstick

la
pistola
gun

le manette
handcuffs

l'agente
police officer

vocabolario • vocabulary

il commissario inspector	**il furto** burglary	**la denuncia** complaint	**l'arresto** arrest
l'investigatore detective	**l'aggressione** assault	**l'indagine** investigation	**la cella** cell
il reato crime	**l'impronta digitale** fingerprint	**il sospetto** suspect	**l'accusa** charge

i vigili del fuoco • fire department

il casco
helmet

il fumo
smoke

l'idrante
hose

i vigili del fuoco
firefighters

la gabbia
basket

il getto
d'acqua
water jet

il braccio
boom

la scala
ladder

la cabina
cab

l'incendio | fire

la caserma dei
vigili del fuoco
fire station

la scala di sicurezza
fire escape

l'autopompa
fire engine

l'allarme antifumo
smoke alarm

l'allarme
antincendio
fire alarm

l'ascia
ax

l'estintore
fire extinguisher

l'idrante
hydrant

Ho bisogno della polizia/dei vigili del fuoco/di un'ambulanza.
I need the police/fire department/ambulance.

C'è un incendio a…
There's a fire at…

C'è stato un incidente.
There's been an accident.

Chiamate la polizia!
Call the police!

---

italiano • english

la banca • bank

il cliente
customer

lo sportello
window

il cassiere
teller

i dépliants
brochures

il banco
counter

i moduli di
versamento
deposit slips

la carta di debito
debit card

la matrice
stub

il numero di
conto
account number

la firma
signature

l'importo
amount

il direttore
bank manager

la carta di credito
credit card

il libretto degli assegni
checkbook

l'assegno
check

vocabolario • vocabulary

i risparmi savings	**l'ipoteca** mortgage	**il pagamento** payment	**versare** deposit (v)	**il conto corrente** checking account
l'imposta tax	**lo scoperto** overdraft	**il prestito** loan	**il pin** PIN	**il conto di risparmio** savings account
l'addebito diretto automatic payment	**il tasso d'interesse** interest rate	**il modulo di prelievo** withdrawal slip	**la commissione bancaria** bank charge	**il bonifico bancario** electronic transfer

la moneta
coin

la banconota
bill

il denaro
money

lo schermo
screen

la tastiera
key pad

la fessura
per la carta
card slot

la cassa automatica
ATM

la valuta estera • foreign currency

il travel cheque
traveler's check

l'ufficio di cambio
bureau de change

il tasso di cambio
exchange rate

la finanza • finance

il corso per azione
share price

il broker
stockbroker

la consulente
finanziaria
financial advisor

la borsa valori | stock exchange

vocabolario • vocabulary

incassare
cash (v)

le azioni
shares

la denominazione
denomination

i dividendi
dividends

la commissione
commission

il contabile
accountant

l'investimento
investment

il portafoglio
portfolio

i titoli
stocks

il capitale netto
equity

Posso cambiare questo?
Can I change this, please?

Qual è il tasso di cambio oggi?
What's today's exchange rate?

le comunicazioni • communications

l'impiegato delle poste
postal worker

lo sportello
window

la bilancia
scale

il banco
counter

l'ufficio postale | post office

il timbro postale
postmark

il francobollo
stamp

l'indirizzo
address

il codice di avviamento postale
ZIP code

il postino
mail carrier

la busta | envelope

---

vocabolario • vocabulary

la lettera letter	**il mittente** return address	**la consegna** delivery	**fragile** fragile	**non piegare** do not bend (v)
posta aerea by airmail	**la firma** signature	**l'affrancatura** postage	**il sacco postale** mailbag	**alto** this way up
la posta raccomandata registered mail	**la raccolta** pickup	**il vaglia postale** money order	**il telegramma** telegram	**il fax** fax

la buca delle lettere
mailbox

la cassetta delle lettere
letter slot

il pacco
package

il corriere
courier

il telefono • telephone

il ricevitore
handset

la segreteria
telefonica
answering machine

la base
base station

il telefono senza fili
cordless phone

il videotelefono
video phone

la cabina telefonica
telephone booth

la tastiera
keypad

lo smartphone
smartphone

il telefonino
mobile phone

il ricevitore
receiver

le monete non utilizzate
coin return

il telefono pubblico
payphone

---

vocabolario • vocabulary

il servizio informazioni abbonati directory assistance	**comporre** dial (v)	**l'operatore** operator	**Mandami un SMS!** Text me!
la chiamata a carico del destinatario collect call	**rispondere** answer (v)	**occupato** busy	**Può darmi il numero per...?** Can you give me the number for...?
il codice d'accesso passcode	**il messaggio (SMS)** text	**staccato** disconnected	**Qual è il prefisso per...?** What is the area code for...?
	il messaggio vocale voice message	**l'app** app	

---

l'albergo • hotel
l'ingresso • lobby

i messaggi
messages

l'ospite
guest

la chiave della camera
room key

la casella
pigeonhole

**l'addetta
alla ricezione**
receptionist

il registro
register

il banco
counter

la ricezione | reception

il bagaglio
luggage

il carrello
cart

il facchino
porter

l'ascensore
elevator

il numero della camera
room number

le camere • rooms

la camera singola
single room

la camera doppia
double room

la camera a due letti
twin room

il bagno privato
private bathroom

i servizi • services

il vassoio della colazione
breakfast tray

il servizio di pulizia
maid service

**il servizio
di lavanderia**
laundry service

il servizio in camera | room service

il minibar
mini bar

il ristorante
restaurant

la palestra
gym

la piscina
swimming pool

---

vocabolario • vocabulary

la pensione completa
full board

la mezza pensione
half-board

la pensione con colazione
bed and breakfast

Avete una camera libera?
Do you have any vacancies?

Ho una prenotazione
I have a reservation.

Vorrei una camera singola
I'd like a single room.

Vorrei una camera per tre notti.
I'd like a room for three nights.

Quanto costa la camera a notte?
What is the charge per night?

Quando devo lasciare la stanza?
When do I have to check out?

---

italiano • english

gli acquisti
shopping

il centro commerciale • shopping center

l'atrio
atrium

l'insegna
sign

l'ascensore
elevator

il secondo
piano
second
floor

il primo
piano
first floor

la scala
mobile
escalator

il piano
terra
ground floor

il cliente
customer

vocabolario • vocabulary

il reparto bambini
children's department

il reparto bagagli
luggage department

il reparto calzature
shoe department

il commesso
store clerk

la guida al negozio
store directory

l'assistenza ai clienti
customer services

i camerini
changing rooms

le toilettes
restrooms

spazio con fasciatoio
baby-changing facilities

Quanto costa questo?
How much is this?

Posso cambiare questo?
May I exchange this?

il grande magazzino • department store

**l'abbigliamento
da uomo**
menswear

**l'abbigliamento
da donna**
women's clothing

la biancheria intima
lingerie

la profumeria
perfume

la bellezza
beauty

la biancheria
linen

**l'arredamento per
la casa**
home furnishings

la merceria
notions

gli articoli da cucina
kitchenware

la porcellana
china

gli articoli elettronici
electrical goods

l'illuminazione
lighting

gli articoli sportivi
sports

i giocattoli
toys

la cancelleria
stationery

il reparto alimentari
food

il supermercato • supermarket

la corsia
aisle

lo scaffale
shelf

il nastro convogliatore
conveyer belt

il cassiere
checker

le offerte
specials

la cassa | checkout

il cliente
customer

la cassa
cash register

la busta della spesa
shopping bag

la spesa
groceries

il manico
handle

il codice a barre
bar code

780863 185779

il carrello
cart

il cestino
basket

il lettore ottico
scanner

| **la panetteria**
bakery | **i latticini**
dairy | **i cereali da colazione**
breakfast cereals | **lo scatolame**
canned food | **i dolci**
confectionery |

| **le verdure**
vegetables | **la frutta**
fruit | **la carne e il pollame**
meat and poultry | **il pesce**
fish | **la salumeria**
deli |

| **i surgelati**
frozen food | **i cibi pronti**
convenience food | **le bibite**
drinks | **i casalinghi**
household products | **gli articoli da toilette**
toiletries |

| **i prodotti per bambini**
baby products | **gli articoli elettrici**
electrical goods | **il cibo per animali**
pet food | **le riviste** \| magazines |

la farmacia • pharmacy

i prodotti
per i denti
dental care

l'igiene
femminile
feminine
hygiene

i deodoranti
deodorants

le vitamine
vitamins

il dispensario
pharmacy

il farmacista
pharmacist

la medicina
per la tosse
cough medicine

i rimedi fitoterapici
herbal remedies

i prodotti per la pelle
skin care

il doposole
aftersun

la crema schermo
sunscreen

**la crema
schermo totale**
sunblock

l'insettifugo
insect repellent

la salviettina umidificata
wet wipe

il fazzolettino
tissue

l'assorbente
sanitary napkin

il tampone
tampon

il salvaslip
panty liner

il cucchiaio dosatore
measuring spoon

le istruzioni
instructions

la capsula
capsule

la compressa
pill

lo sciroppo
syrup

l'inalatore
inhaler

la pomata
cream

l'unguento
ointment

il gel
gel

la supposta
suppository

il contagocce
dropper

l'ago
needle

le gocce
drops

la siringa
syringe

lo spray
spray

la polvere
powder

vocabolario • vocabulary

il ferro iron	la multivitamina multivitamins	monouso disposable	la medicina medicine	l'antidolorifico painkiller
il calcio calcium	gli effetti collaterali side-effects	solubile soluble	il lassativo laxative	il sedativo sedative
il magnesio magnesium	la data di scadenza expiration date	il dosaggio dosage	la diarrea diarrhea	il sonnifero sleeping pill
l'insulina insulin	le pasticche antinausea travel-sickness pills	il medicamento medication	la pasticca per la gola cough drop	l'antinfiammatorio anti-inflammatory

il fioraio • florist

i fiori
flowers

il giglio
lily

l'acacia
acacia

il garofano
carnation

la pianta
da vaso
potted plant

il gladiolo
gladiolus

l'iris
iris

la margherita
daisy

il crisantemo
chrysanthemum

la gipsofila
gypsophila

la violacciocca	la gerbera	il fogliame	la rosa	la fresia
stocks	gerbera	foliage	rose	freesia

il vaso
vase

l'orchidea
orchid

la peonia
peony

il mazzetto
bunch

lo stelo
stem

il narciso
daffodil

il bocciolo
bud

l'incarto
wrapping

il tulipano | tulip

gli arrangiamenti • arrangements

il nastro
ribbon

il mazzo di fiori
bouquet

i fiori secchi
dried flowers

il pot-pourri | potpourri

la corona | wreath

la ghirlanda
garland

Mi dà un mazzo di…
per favore?
Can I have a bunch of…
please.

Me li può incartare?
Can I have them wrapped?

Posso allegare un
messaggio?
Can I attach a message?

Quanto dureranno?
How long will these last?

Sono profumati?
Are they fragrant?

Li può mandare a…?
Can you send them to….?

l'edicola • newsstand

le sigarette
cigarettes

il pacchetto di sigarette
pack of cigarettes

i francobolli
stamps

la cartolina
postcard

il giornalino a fumetti
comic

la rivista
magazine

il giornale
newspaper

fumare • smoking

il bocchino
stem

il fornello
bowl

il tabacco
tobacco

l'accendino
lighter

la pipa
pipe

il sigaro
cigar

il confettiere • confectionery

la scatola di cioccolatini
box of chocolates

la merendina
snack bar

le patatine
chips

il negozio di dolciumi | candy store

vocabolario • vocabulary

il caramello
caramel

il biscotto
cookie

il tartufo
truffle

le caramelle
hard candy

il cioccolato al latte
milk chocolate

il cioccolato bianco
white chocolate

il cioccolato fondente
semisweet chocolate

la caramelle assortite
pick-and-mix

i dolciumi • confectionery

il cioccolatino
chocolate

la tavoletta di cioccolata
chocolate bar

le caramelle
candy

il lecca lecca
lollipop

la caramella mou
toffee

il torrone
nougat

la caramella gommosa
marshmallow

la mentina
mint

la gomma da masticare
chewing gum

la caramella di gelatina
jellybean

la caramella alla frutta
gumdrop

la liquirizia
licorice

gli altri negozi • other stores

il panificio
bread shop

la pasticceria
bakery

la macelleria
butcher shop

la pescheria
fish counter

il fruttivendolo
produce stand

la drogheria
grocery store

**il negozio di
calzature**
shoe store

**il negozio di
ferramenta**
hardware store

**il negozio di
antiquariato**
antique shop

**il negozio di articoli
da regalo**
gift shop

l'agenzia di viaggi
travel agency

la gioielleria
jewelry store

la libreria
bookstore

il negozio di dischi
record store

il negozio di liquori
liquor store

il negozio di animali
pet store

il negozio di mobili
furniture store

la boutique
boutique

vocabolario • vocabulary

l'agenzia
immobiliare
real estate office

il centro di
giardinaggio
garden center

il lavasecco
dry-cleaner

il negozio
dell'usato
second-hand store

il negozio di articoli
fotografici
camera store

la lavanderia
laundromat

il negozio dietetico
health-food store

il negozio di articoli
per l'arte
art store

la sartoria
tailor shop

il parrucchiere
beauty salon

il mercato | market

il cibo
food

la carne • meat

l'agnello
lamb

il macellaio
butcher

il gancio
meat hook

la bilancia
scale

l'affilacoltelli
knife sharpener

la pancetta
bacon

le salsicce
sausages

il fegato
liver

vocabolario • vocabulary

il maiale pork	**il cervo** venison	**le frattaglie** offal	**ruspante** free-range	**la carne rossa** red meat
il manzo beef	**il coniglio** rabbit	**stagionato** cured	**biologico** organic	**la carne magra** lean meat
il vitello veal	**la lingua** tongue	**affumicato** smoked	**la carne bianca** white meat	**la carne cotta** cooked meat

i tagli • cuts

la fetta
slice
il prosciutto
ham
la cotenna
rind

la fetta
bacon strip

la carne macinata
ground meat

il filetto
fillet

la bistecca di culaccio
rump steak

**il controfiletto
di manzo**
sirloin steak

la costata
rib
il grasso
fat

la costoletta
chop
l'osso
bone

l'arrosto
joint
il rognone
kidney

il cuore
heart

il pollo • poultry

la pelle
skin
il petto
breast
la cacciagione
game
la zampa
leg

il pollo preparato
dressed chicken

la coscia
thigh

il fagiano | pheasant

la quaglia | quail

l'ala
wing

il tacchino
turkey

il pollo | chicken

l'anatra | duck

l'oca | goose

il **pesce** • fish

i **gamberi sgusciati**
peeled shrimp

la triglia
red mullet

i **filetti di ippoglosso**
halibut fillets

la trota iridea
rainbow trout

il **ghiaccio**
ice

le **pinne di razza**
skate wings

la **pescheria**
fish counter

la **rana pescatrice**
monkfish

lo **sgombro**
mackerel

la **trota**
trout

il **pesce spada**
swordfish

la **sogliola di Dover**
Dover sole

la **sogliola limanda**
lemon sole

l'**eglefino**
haddock

la **sardina**
sardine

la **razza**
skate

il **merlano**
whiting

la **spigola**
sea bass

il **salmone** | salmon

il **merluzzo**
cod

l'**orata**
sea bream

il **tonno**
tuna

i frutti di mare • seafood

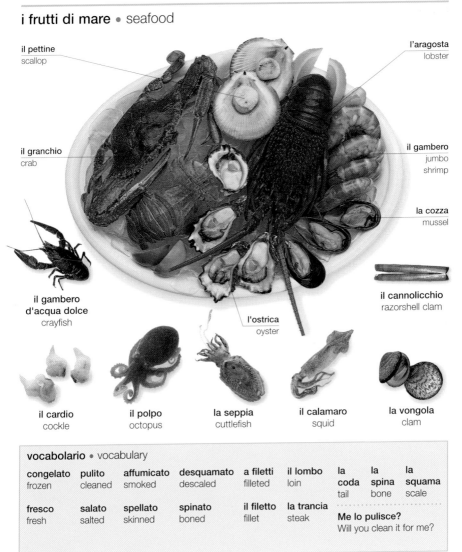

il pettine
scallop

l'aragosta
lobster

il granchio
crab

il gambero
jumbo
shrimp

la cozza
mussel

**il gambero
d'acqua dolce**
crayfish

l'ostrica
oyster

il cannolicchio
razorshell clam

il cardio
cockle

il polpo
octopus

la seppia
cuttlefish

il calamaro
squid

la vongola
clam

vocabolario • vocabulary

congelato frozen	**pulito** cleaned	**affumicato** smoked	**desquamato** descaled	**a filetti** filleted	**il lombo** loin	**la coda** tail	**la spina** bone	**la squama** scale
fresco fresh	**salato** salted	**spellato** skinned	**spinato** boned	**il filetto** fillet	**la trancia** steak	**Me lo pulisce?** Will you clean it for me?		

la verdura 1 • vegetables 1

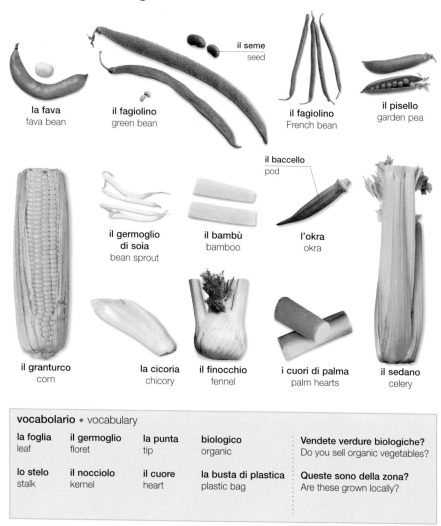

il seme
seed

la fava
fava bean

il fagiolino
green bean

il fagiolino
French bean

il pisello
garden pea

il baccello
pod

il germoglio di soia
bean sprout

il bambù
bamboo

l'okra
okra

il granturco
corn

la cicoria
chicory

il finocchio
fennel

i cuori di palma
palm hearts

il sedano
celery

---

vocabolario • vocabulary

la foglia leaf	**il germoglio** floret	**la punta** tip	**biologico** organic	**Vendete verdure biologiche?** Do you sell organic vegetables?
lo stelo stalk	**il nocciolo** kernel	**il cuore** heart	**la busta di plastica** plastic bag	**Queste sono della zona?** Are these grown locally?

la rucola
arugula

il crescione
watercress

il radicchio
radicchio

il cavolino di Bruxelles
Brussels sprout

la bietola
Swiss chard

il cavolo riccio
kale

l'acetosa
sorrel

l'indivia
endive

il dente di leone
dandelion

gli spinaci
spinach

il cavolo rapa
kohlrabi

la bieta
pak-choi

la lattuga
lettuce

il broccolo
broccoli

il cavolo
cabbage

la verza
spring greens

le verdure 2 • vegetables 2

la rapa
turnip

il carciofo
artichoke

il ravanello
radish

il cavolfiore
cauliflower

l'asparago
asparagus

la patata
potato

la zucca
marrow
squash

la cipolla
onion

il peperone
pepper

il mais
sweetcorn

il peperoncino
chili pepper

---

vocabolario • vocabulary

il pomodoro ciliegino cherry tomato	**il sedano rapa** celeriac	**congelato** frozen	**amaro** bitter	**Mi dà un chilo di patate per favore?** Can I have one kilo of potatoes, please?
la carota carrot	**la cassava** cassava	**crudo** raw	**sodo** firm	
la patata novella new potato	**la radice di taro** taro root	**piccante** hot (spicy)	**la polpa** flesh	**Quanto costa al chilo?** What's the price per kilo?
il frutto dell'albero del pane breadfruit	**la castagna d'acqua** water chestnut	**dolce** sweet	**la radice** root	**Quelli come si chiamano?** What are those called?

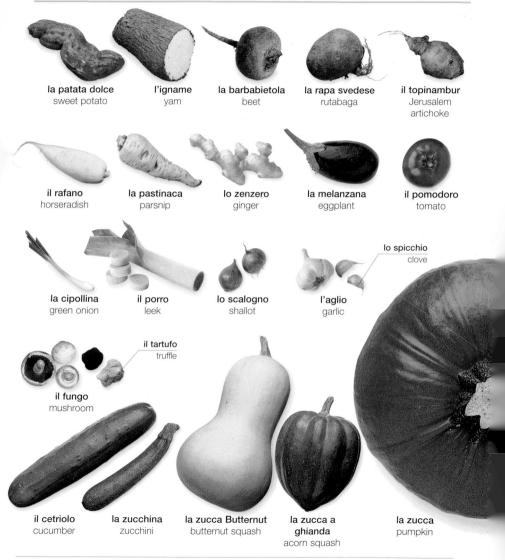

la patata dolce
sweet potato

l'igname
yam

la barbabietola
beet

la rapa svedese
rutabaga

il topinambur
Jerusalem artichoke

il rafano
horseradish

la pastinaca
parsnip

lo zenzero
ginger

la melanzana
eggplant

il pomodoro
tomato

la cipollina
green onion

il porro
leek

lo scalogno
shallot

lo spicchio
clove

l'aglio
garlic

il tartufo
truffle

il fungo
mushroom

il cetriolo
cucumber

la zucchina
zucchini

la zucca Butternut
butternut squash

la zucca a ghianda
acorn squash

la zucca
pumpkin

la frutta 1 • fruit 1
gli agrumi • citrus fruit

la frutta con nocciolo •
stone fruit

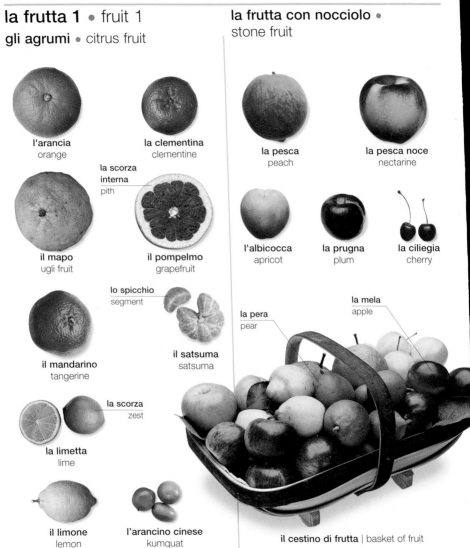

l'arancia
orange

la clementina
clementine

la scorza interna
pith

il mapo
ugli fruit

il pompelmo
grapefruit

lo spicchio
segment

il mandarino
tangerine

il satsuma
satsuma

la scorza
zest

la limetta
lime

il limone
lemon

l'arancino cinese
kumquat

la pesca
peach

la pesca noce
nectarine

l'albicocca
apricot

la prugna
plum

la ciliegia
cherry

la mela
apple

la pera
pear

il cestino di frutta | basket of fruit

i frutti di bosco e i meloni • berries and melons

la fragola
strawberry

il lampone
raspberry

il melone
melon

l'uva
grapes

la mora
blackberry

il ribes rosso
red currant

la buccia
rind

l'ossicocco
cranberry

il ribes nero
black currant

il seme
seed

la polpa
flesh

il mirtillo
blueberry

il ribes bianco
white currant

l'anguria
watermelon

la mora-lampone
loganberry

l'uva spina
gooseberry

vocabolario • vocabulary

il rabarbaro rhubarb	**agre** sour	**croccante** crisp	**senza semi** seedless	**Sono maturi?** Are they ripe?
la fibra fiber	**fresco** fresh	**marcio** rotten	**il succo** juice	**Posso assaggiarne uno?** Can I try one?
dolce sweet	**sugoso** juicy	**la polpa** pulp	**il torsolo** core	**Per quanto tempo si mantengono?** How long will they keep?

la frutta 2 • fruit 2

il mango
mango

l'avocado
avocado

l'ananas
pineapple

la papaia
papaya

la pesca
peach

il litchi
lychee

il kiwi
kiwifruit

l'alchechengi
cape gooseberry

il seme
seed

la buccia
skin

la mela cotogna
quince

**il frutto
della passione**
passion fruit

la banana
banana

la guaiava
guava

la melagrana
pomegranate

il cachi
persimmon

il feijoa
feijoa

il fico d'india
prickly pear

la carambola
starfruit

il tamarillo
tamarillo

le noci e la frutta secca • nuts and dried fruit

il pinolo
pine nut

il pistacchio
pistachio

l'anacardio
cashew

l'arachide
peanut

la nocciola
hazelnut

la mandorla brasiliana
Brazil nut

la noce pecan
pecan

la mandorla
almond

la noce
walnut

la castagna
chestnut

la noce di macadamia
macadamia

il fico
fig

il dattero
date

la prugna secca
prune

il guscio
shell

l'uva sultanina
sultana raisin

l'uvetta
raisin

l'uva passa
currant

la polpa
flesh

la noce di cocco
coconut

vocabolario • vocabulary

verde green	**duro** hard	**il nocciolo** kernel	**salato** salted	**arrostito** roasted	**la frutta tropicale** tropical fruit	**sgusciato** shelled
maturo ripe	**morbido** soft	**essiccato** desiccated	**crudo** raw	**stagionale** seasonal	**la frutta candita** candied fruit	**intero** whole

le granaglie e i legumi secchi • grains and legumes

le granaglie • grains

il grano
wheat

l'avena
oats

l'orzo
barley

il miglio
millet

il mais
corn

la quinoa
quinoa

vocabolario • vocabulary

il seme seed	**fresco** fresh	**cottura facile** easy-cook
la pula husk	**profumato** fragranced	**integrale** whole-grain
il seme kernel	**il cereale** cereal	**a chicco lungo** long-grain
secco dry	**mettere a bagno** soak (v)	**a chicco corto** short-grain

il riso • rice

il riso bianco
white rice

il riso integrale
brown rice

il riso selvatico
wild rice

il riso da budino
pudding rice

i cereali trattati • processed grains

il cuscus
couscous

il grano spezzato
cracked wheat

la semola
semolina

la crusca
bran

i fagioli e i piselli • beans and peas

i fagioli bianchi
butter beans

i fagioli cannellini
haricot beans

i fagioli di Spagna
red kidney beans

i fagioli aduki
aduki beans

le fave
fava beans

i semi di soia
soybeans

**i fagioli
dall'occhio nero**
black-eyed beans

i fagioli borlotti
pinto beans

i fagioli mung
mung beans

i fagioli nani
flageolet beans

**le lenticchie
marroni**
brown lentils

**le lenticchie
rosse**
red lentils

i piselli
green peas

i ceci
garbanzos

i piselli spaccati
split peas

i semi • seeds

il seme di zucca
pumpkin seed

**il seme di
mostarda**
mustard seed

il seme di carvi
caraway

**il seme di
sesamo**
sesame seed

il seme di girasole
sunflower seed

le erbe aromatiche e le spezie • herbs and spices

le spezie • spices

la vaniglia
vanilla

la noce moscata
nutmeg

il macis
mace

la curcuma
turmeric

il cumino
cumin

**il mazzetto
odoroso**
bouquet garni

**il pepe della
Giamaica**
allspice

il grano di pepe
peppercorn

il fieno greco
fenugreek

**il peperoncino
rosso**
chili powder

intero
whole

tritato
crushed

lo zafferano
saffron

il cardamomo
cardamom

**la polvere di
curry**
curry powder

macinato
ground

la paprica
paprika

a scaglie
flakes

l'aglio
garlic

le erbe aromatiche • herbs

i bastoncini
sticks

la cannella
cinnamon

la citronella
lemon grass

i chiodi di
garofano
cloves

l'anice stellato
star anise

lo zenzero
ginger

il finocchio
fennel

i semi di
finocchio
fennel seeds

l'erba cipollina
chives

il dragoncello
tarragon

l'origano
oregano

la menta
mint

la maggiorana
marjoram

il coriandolo
cilantro

l'alloro
bay leaf

il timo
thyme

il basilico
basil

l'aneto
dill

il prezzemolo
parsley

la salvia
sage

il rosmarino
rosemary

i cibi imbottigliati • bottled foods

il tappo
cork

l'olio di semi
di girasole
sunflower oil

l'olio di noce
walnut oil

l'olio di
semi d'uva
grapeseed oil

l'olio di
mandorla
almond oil

l'olio di
sesamo
sesame
oil

l'olio di noccioline
hazelnut oil

l'olio d'oliva
olive oil

le erbe
aromatiche
herbs

l'olio
aromatizzato
flavored oil

gli oli
oils

le confetture • sweet spreads

il barattolo
jar

il favo
honeycomb

il miele
condensato
candied
honey

la crema al
limone
lemon curd

la marmellata
di lamponi
raspberry jam

la marmellata
di agrumi
marmalade

il miele sciolto
clear honey

lo sciroppo
d'acero
maple syrup

condimenti e cibi da spalmare •
condiments and spreads

l'aceto
di sidro
cider vinegar

l'aceto
balsamico
balsamic vinegar

la bottiglia
bottle

la senape
English mustard

la maionese
mayonnaise

il ketchup
ketchup

la mostarda
French mustard

l'aceto di malto
malt vinegar

l'aceto di vino
wine vinegar

il chutney
chutney

l'aceto
vinegar

la salsa
sauce

**la mostarda
con semi**
whole-grain
mustard

il barattolo a
chiusura ermetica
sealed jar

**il burro di
arachidi**
peanut butter

**la cioccolata
spalmabile**
chocolate spread

**la conserva di
frutta**
preserved fruit

vocabolario • vocabulary

l'olio vegetale
vegetable oil

l'olio di colza
canola oil

l'olio di mais
corn oil

**l'olio spremuto
a freddo**
cold-pressed oil

**l'olio di
arachide**
peanut oil

i latticini • dairy produce

il formaggio • cheese

la crosta
rind

il formaggio
semiduro
semi-hard cheese

il formaggio
grattugiato
grated cheese

il formaggio duro
hard cheese

il formaggio
semimorbido
semi-soft cheese

il formaggio
molle fresco
cottage cheese

il formaggio
cremoso
cream cheese

il formaggio
erborinato
blue cheese

il formaggio morbido
soft cheese

il formaggio fresco | fresh cheese

il latte • milk

il latte
intero
whole milk

il latte parzialmente
scremato
reduced-fat milk

il latte scremato
skim milk

il cartone di latte
milk carton

il latte di
capra
goat's milk

il latte
condensato
condensed milk

il latte di mucca | cow's milk

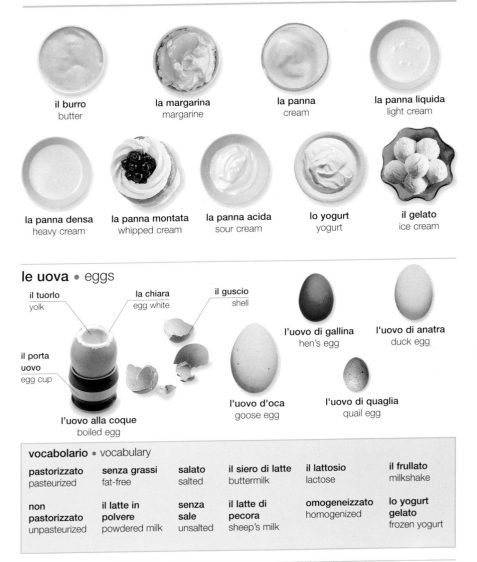

il burro
butter

la margarina
margarine

la panna
cream

la panna liquida
light cream

la panna densa
heavy cream

la panna montata
whipped cream

la panna acida
sour cream

lo yogurt
yogurt

il gelato
ice cream

le uova • eggs

il tuorlo
yolk

la chiara
egg white

il guscio
shell

il porta uovo
egg cup

l'uovo alla coque
boiled egg

l'uovo di gallina
hen's egg

l'uovo di anatra
duck egg

l'uovo d'oca
goose egg

l'uovo di quaglia
quail egg

vocabolario • vocabulary

pastorizzato pasteurized	**senza grassi** fat-free	**salato** salted	**il siero di latte** buttermilk	**il lattosio** lactose	**il frullato** milkshake
non pastorizzato unpasteurized	**il latte in polvere** powdered milk	**senza sale** unsalted	**il latte di pecora** sheep's milk	**omogeneizzato** homogenized	**lo yogurt gelato** frozen yogurt

il pane e le farine • breads and flours

il pane affettato
sliced bread

i semi di papavero
poppy seeds

il pane di segale
rye bread

il filone
baguette

il panificio | bakery

fare il pane • making bread

la farina bianca
white flour

la farina nera
brown flour

la farina integrale
whole-wheat flour

il lievito
yeast

la pasta
dough

setacciare | sift (v)   mescolare | mix (v)   impastare | knead (v)   cuocere al forno | bake (v)

la crosta
crust

la pagnotta
loaf

la fetta
slice

il pane bianco
white bread

il pane nero
brown bread

il pane integrale
whole-wheat bread

il pane di granaio
multigrain bread

il pane di mais
cornbread

il pane lievitato con bicarbonato di sodio
soda bread

il pane di lievito naturale
sourdough bread

la schiacciata
flatbread

il bagel
bagel

la pagnotella
bun

il panino
roll

il pane alla frutta
fruit bread

il pane con semi
seeded bread

il naan
naan bread

la pita
pita bread

i crackers
crispbread

vocabolario • vocabulary

la farina autolievitante self-rising flour	**la farina semplice** all-purpose flour	**riposare** prove (v)	**le briciole** breadcrumbs	**l'affettatrice** slicer
la farina per il pane bread flour	**lievitare** rise (v)	**glassare** glaze (v)	**il filoncino** flute	**il panettiere** baker

i dolci e i dessert • cakes and desserts

il bignè ripieno
éclair

l'éclair
choux pastry

la panna
cream

la pasta sfoglia
puff pastry

la pasta filo
phyllo pastry

il ripieno
filling

ricoperto di cioccolato
chocolate-coated

il dolce alla frutta
fruit cake

la crostatina
fruit tart

il muffin
muffin

il pan di Spagna
sponge cake

la meringa
meringue

i dolci | cakes

vocabolario • vocabulary

la crema pasticcera crème patisserie	**la focaccina** bun	**la pasta** pastry	**il budino di riso** rice pudding	**Posso avere una fetta?** May I have a slice, please?
la torta al cioccolato chocolate cake	**la crema** custard	**la fetta** slice	**la festa** celebration	

il biscotto con scaglie di cioccolato
chocolate chip

i savoiardi
lady fingers

il biscotto alle noci
florentine

la zuppa inglese
trifle

i biscotti | cookies

il mousse
mousse

il sorbetto
sherbet

la torta alla crema
cream pie

il crème caramel
crème caramel

le torte per celebrazioni • celebration cakes

il piano superiore
top tier

il nastro
ribbon

il piano inferiore
bottom tier

la glassa
icing

il marzapane
marzipan

la decorazione
decoration

le candeline
birthday candles

soffiare
blow out (v)

la torta nuziale | wedding cake

la torta di compleanno | birthday cake

la salumeria • delicatessen

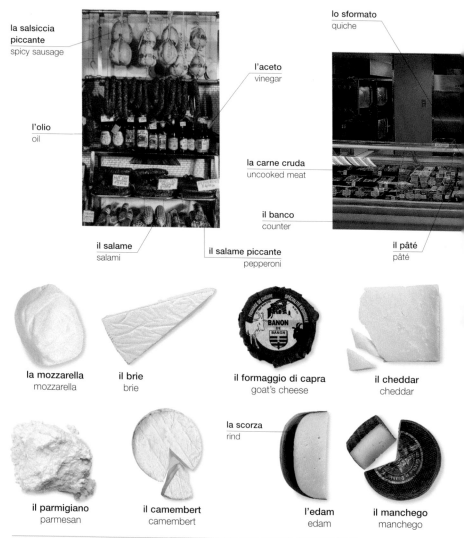

la salsiccia piccante
spicy sausage

lo sformato
quiche

l'aceto
vinegar

l'olio
oil

la carne cruda
uncooked meat

il banco
counter

il salame
salami

il salame piccante
pepperoni

il pâté
pâté

la mozzarella
mozzarella

il brie
brie

il formaggio di capra
goat's cheese

il cheddar
cheddar

il parmigiano
parmesan

il camembert
camembert

la scorza
rind

l'edam
edam

il manchego
manchego

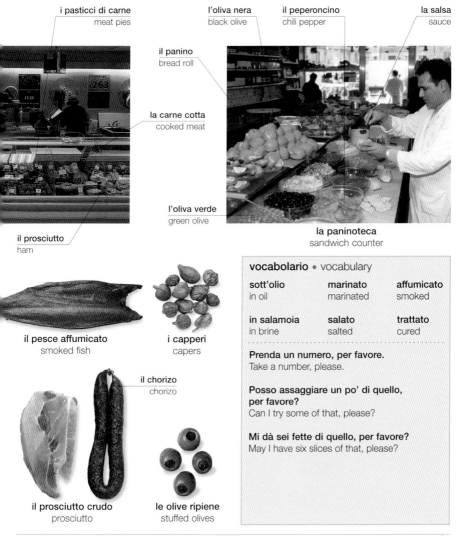

i pasticci di carne
meat pies

l'oliva nera
black olive

il peperoncino
chili pepper

la salsa
sauce

il panino
bread roll

la carne cotta
cooked meat

l'oliva verde
green olive

il prosciutto
ham

la paninoteca
sandwich counter

il pesce affumicato
smoked fish

i capperi
capers

il chorizo
chorizo

il prosciutto crudo
prosciutto

le olive ripiene
stuffed olives

vocabolario • vocabulary

sott'olio in oil	**marinato** marinated	**affumicato** smoked
in salamoia in brine	**salato** salted	**trattato** cured

Prenda un numero, per favore.
Take a number, please.

**Posso assaggiare un po' di quello,
per favore?**
Can I try some of that, please?

Mi dà sei fette di quello, per favore?
May I have six slices of that, please?

le bevande • drinks

l'acqua • water

l'acqua in bottiglia
bottled water

frizzante
sparkling

naturale
still

l'acqua dal rubinetto
tap water

l'acqua tonica
tonic water

la soda
soda water

l'acqua minerale
mineral water

le bevande calde • hot drinks

la bustina di tè
tea bag

il tè sciolto
loose tea

il tè
tea

i chicchi
beans

il caffè macinato
ground coffee

il caffè
coffee

il cioccolato caldo
hot chocolate

la bevanda al malto
malted drink

le bibite • soft drinks

la cannuccia
straw

il succo di pomodoro
tomato juice

il succo d'uva
grape juice

la limonata
lemonade

l'aranciata
orangeade

la coca
cola

le bevande alcoliche • alcoholic drinks

il gin
gin

la lattina
can

la birra
beer

il sidro
cider

la birra amara
bitter

la birra scura
stout

la vodka
vodka

il whisky
whiskey

il rum
rum

il brandy
brandy

il porto
port

secco
dry

lo sherry
sherry

il Campari
campari

il liquore
liqueur

la tequila
tequila

lo champagne
champagne

rosé
rosé

bianco
white

rosso
red

il vino
wine

mangiare fuori
eating out

il caffè • café

l'ombrellone
umbrella

la tenda
awning

il menù
menu

il bar con terrazza
terrace café

il
cameriere
waiter

la macchina
del caffè
coffee machine

il tavolo
table

il bar all'aperto | sidewalk café

lo snack bar | snack bar

il caffè • coffee

il caffè
macchiato
coffee with
milk

il caffè nero
black coffee

la polvere
di cacao
cocoa powder

la schiuma
froth

il caffè filtrato
filter coffee

l'espresso
espresso

il cappuccino
cappuccino

il caffè freddo
iced coffee

il tè • tea

il tè alle erbe
herbal tea

la camomilla
chamomile tea

il tè verde
green tea

il tè con latte
tea with milk

il tè nero
black tea

il tè al limone
tea with lemon

il tè alla menta
mint tea

il tè freddo
iced tea

le spremute e i frappé • juices and milkshakes

il frappé al cioccolato
chocolate milkshake

il frappé alle fragole
strawberry milkshake

il frappé al caffè
coffee milkshake

il succo
d'arancia
orange juice

il succo di
mela
apple juice

il succo
d'ananas
pineapple juice

il succo di
pomodoro
tomato juice

il cibo • food

la pallina
scoop

il pane integrale
whole-wheat
bread

il tramezzino tostato
toasted sandwich

l'insalata
salad

il gelato
ice cream

la pasta
pastry

il bar • bar

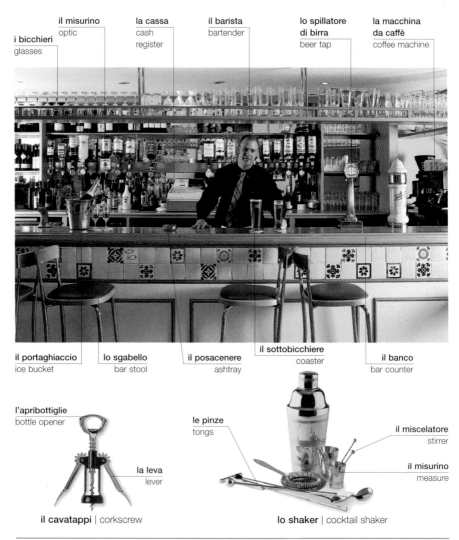

i bicchieri
glasses

il misurino
optic

la cassa
cash
register

il barista
bartender

**lo spillatore
di birra**
beer tap

**la macchina
da caffè**
coffee machine

il portaghiaccio
ice bucket

lo sgabello
bar stool

il posacenere
ashtray

il sottobicchiere
coaster

il banco
bar counter

l'apribottiglie
bottle opener

la leva
lever

il cavatappi | corkscrew

le pinze
tongs

il miscelatore
stirrer

il misurino
measure

lo shaker | cocktail shaker

il gin tonic
gin and tonic

la brocca
pitcher

il whisky con acqua
scotch and water

il cubetto di ghiaccio
ice cube

il rum con coca cola
rum and cola

la vodka all'arancia
screwdriver

il martini
martini

il cocktail
cocktail

il vino
wine

la birra | beer

singolo
single

doppio
double

con ghiaccio e limone
ice and lemon

un bicchiere
shot

la misura
measure

liscio
without ice

con ghiaccio
with ice

gli stuzzichini • bar snacks

gli anacardi
cashews

le noccioline americane
peanuts

le mandorle
almonds

le patatine | chips

le noccioline | nuts

le olive | olives

il ristorante • restaurant

il coperto
table setting

l'aiuto cuoco
commis chef

il bicchiere
glass

il cuoco
chef

il vassoio
tray

la cucina
kitchen

il cameriere
waiter

vocabolario • vocabulary

la lista dei vini wine list	**il buffet** buffet	**il prezzo** price	**la mancia** tip	**il bar** bar	**il pepe** pepper
il menù del pranzo lunch menu	**a la carte** à la carte	**il conto** check	**servizio compreso** service included	**il cliente** customer	**i piatti del giorno** specials
il menù della cena evening menu	**il carrello dei dolci** dessert cart	**la ricevuta** receipt	**servizio non compreso** service not included	**il sale** salt	

il menù
menu

il menù per bambini
child's meal

ordinare
order (v)

pagare
pay (v)

le portate • courses

l'aperitivo
apéritif

l'antipasto
appetizer

la minestra
soup

il piatto principale
entrée

il contorno
side order

il dessert | dessert

il caffè | coffee

Un tavolo per due, per favore.
A table for two, please.

Posso vedere il menù\la lista dei vini, per favore?
Can I see the menu/winelist, please?

C'è un menù a prezzo fisso?
Is there a fixed-price menu?

Avete dei piatti vegetariani?
Do you have any vegetarian dishes?

Posso avere il conto\una ricevuta per favore?
Could I have the check/a receipt please?

Possiamo pagare separatamente?
Can we pay separately?

Dove sono i bagni per favore?
Where are the restrooms, please?

---

il fast food • fast food

l'hamburger
burger

la cannuccia
straw

la bibita
soft drink

le patate fritte
French fries

il tovagliolo
di carta
paper napkin

il vassoio
tray

il pasto con hamburger
burger meal

la pizza
pizza

il listino
price list

la bibita in lattina
canned drink

la consegna a domicilio
home delivery

il venditore ambulante
street vendor

il panino
bun

la senape
mustard

il wurstel
sausage

l'hamburger
hamburger

l'hamburger di pollo
chicken burger

l'hamburger vegetariano
veggie burger

l'hot dog
hot dog

il ripieno
filling

il tramezzino
sandwich

il tramezzino a strati
club sandwich

il tramezzino aperto
open-face sandwich

la piadina
wrap

la salsa
sauce

salato
savory

dolce
sweet

il condimento
topping

il kebab
kebab

i bocconcini di pollo
chicken nuggets

le crêpes | crêpes

il pesce con patatine
fish and chips

le costolette
ribs

il pollo fritto
fried chicken

la pizza
pizza

la colazione • breakfast

il latte
milk

il cereale
cereal

la marmellata
jam

la frutta
secca
dried fruit

il prosciutto
ham

il formaggio
cheese

il pane
biscottato
crispbread

il buffet della colazione
breakfast buffet

la marmellata
di agrumi
marmalade

il pâté
pâté

il burro
butter

il succo
di frutta
fruit juice

il caffè
coffee

la cioccolata calda
hot chocolate

il cornetto
croissant

il tè
tea

il tavolo della colazione | breakfast table

le bevande | drinks

il pomodoro
tomato

il sanguinaccio
black pudding

il pane
tostato
toast

la salsiccia
sausage

l'uovo fritto
fried egg

la pancetta
bacon

la colazione all'inglese
English breakfast

la brioche
brioche

il pane
bread

il tuorlo
yolk

le aringhe affumicate
kippers

il pane fritto all'uovo
French toast

l'uovo alla coque
boiled egg

le uova strapazzate
scrambled eggs

la panna
cream

lo yogurt alla frutta
fruit yogurt

le crêpes
crêpes

i waffle
waffles

il porridge
oatmeal

la frutta fresca
fresh fruit

la cena • dinner

la minestra | soup

la zuppa | broth

lo stufato | stew

il curry | curry

l'arrosto
roast

il pasticcio
pie

il soufflé
soufflé

lo spiedino
kebab

le polpette
meatballs

la frittata
omelet

i taglierini
noodles

la frittura | stir-fry

la pasta | pasta

il riso
rice

l'insalata mista
tossed salad

l'insalata verde
green salad

il condimento
dressing

i metodi • techniques

farcito | stuffed

al sugo | in sauce

alla griglia | grilled

marinato | marinated

affogato | poached

schiacciato | mashed

cotto al forno | baked

fritto in padella | pan-fried

fritto
fried

sottaceto
pickled

affumicato
smoked

fritto in olio abbondante
deep-fried

allo sciroppo
in syrup

condito
dressed

al vapore
steamed

stagionato
cured

lo studio
study

la scuola • school

la lavagna
blackboard

l'insegnante
teacher

la cartella
schoolbag

l'alunna
student

il banco
desk

il gesso
chalk

l'aula | classroom

la scolara
schoolgirl

la scolaro
schoolboy

---

vocabolario • vocabulary

la storia history	**l'arte** art	**la fisica** physics
la letteratura literature	**la musica** music	**la chimica** chemistry
le lingue languages	**la matematica** math	**la biologia** biology
la geografia geography	**la scienza** science	**l'educazione fisica** physical education

le attività • activities

leggere | read (v)

scrivere | write (v)

scandire
spell (v)

disegnare
draw (v)

il proiettore digitale
digital projector

la penna
pen

la punta
nib

la matita colorata
colored pencil

la matita
pencil

il temperamatite
pencil sharpener

la gomma
eraser

il quaderno
notebook

il libro di testo | textbook

l'astuccio
pencil case

il righello
ruler

domandare
question (v)

rispondere
answer (v)

discutere
discuss (v)

imparare
learn (v)

vocabolario • vocabulary

il preside principal	**la risposta** answer	**il livello** grade
la lezione lesson	**i compiti** homework	**la classe** year
la domanda question	**il tema** essay	**il dizionario** dictionary
prendere appunti take notes (v)	**l'esame** test	**l'enciclopedia** encyclopedia

la matematica • math

le forme • shapes

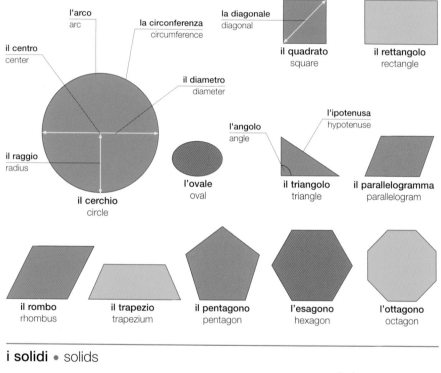

l'arco
arc

la circonferenza
circumference

la diagonale
diagonal

il quadrato
square

il rettangolo
rectangle

il centro
center

il diametro
diameter

il raggio
radius

il cerchio
circle

l'ovale
oval

l'angolo
angle

l'ipotenusa
hypotenuse

il triangolo
triangle

il parallelogramma
parallelogram

il rombo
rhombus

il trapezio
trapezium

il pentagono
pentagon

l'esagono
hexagon

l'ottagono
octagon

i solidi • solids

la base
base

il cono
cone

il cilindro
cylinder

il lato
side

il cubo
cube

l'apice
apex

la piramide
pyramid

la sfera
sphere

le linee • lines

dritta
straight

parallela
parallel

perpendicolare
perpendicular

curva
curved

le misure • measurements

il volume
volume

il numeratore
numerator

il denominatore
denominator

la frazione
fraction

la larghezza
width

l'altezza
height

la profondità
depth

le dimensioni
dimensions

la lunghezza
length

la superficie
area

l'attrezzatura • equipment

la squadra
square

il goniometro
protractor

il righello
ruler

il compasso
compass

la calcolatrice
calculator

---

vocabolario • vocabulary

la geometria geometry	**più** plus	**contare** count (v)	**uguale** equals	**sommare** add (v)	**moltiplicare** multiply (v)	**l'equazione** equation
l'aritmetica arithmetic	**meno** minus	**diviso per** divided by	**moltiplicato per** times	**sottrarre** subtract (v)	**dividere** divide (v)	**la percentuale** percentage

---

la scienza • science

il laboratorio
laboratory

la bilancia
scales

il peso
weight

la bilancia a molla
spring balance

il crogiolo
crucible

il becco Bunsen
bunsen burner

il treppiede
tripod

la bottiglia di vetro
glass bottle

il sostegno del morsetto
clamp stand

la provetta
test tube

la rastrelliera
rack

l'imbuto
funnel

il morsetto
clamp

il tappo
stopper

il cronometro
timer

l'ampolla
flask

la capsula di Petri
petri dish

l'esperimento | experiment

il termometro
thermometer

la siringa
syringe

le pinzette
tweezers

il bisturi
scalpel

il contagocce
dropper

il forcipe | forceps

le pinze
tongs

la spatola
spatula

il pestello
pestle

il mortaio
mortar

il filtro di carta
filter paper

gli occhiali protettivi
safety goggles

l'oculare
eyepiece

la manopola di messa a fuoco
focusing knob

l'obiettivo
objective lens

la bacchetta di vetro
glass stirrer

la pipetta
pipette

il becher
beaker

il ripiano
stage

la lastrina
slide

la calamita
magnet

il morsetto a coccodrillo
alligator clip

lo specchio
mirror

l'elettrodo negativo
negative electrode

l'elettrodo positivo
positive electrode

il microscopio | microscope

la batteria | battery

l'università • college

l'ufficio
iscrizioni
admissions
office

il campo
sportivo
sports field

il refettorio
cafeteria

la casa dello
studente
residence hall

l'ambulatorio
clinic

il **campus** | campus

la bibliotecaria
librarian

il banco prestiti
circulation desk

lo scaffale
bookshelves

il periodico
periodical

la rivista
journal

la **biblioteca** | library

vocabolario • vocabulary

il tesserino library card	**il prestito** loan	**il libro** book
la corsia aisle	**rinnovare** renew (v)	**il titolo** title
la lista dei libri reading list	**prendere in prestito** borrow (v)	**la sala di lettura** reading room
il banco informazioni helpdesk	**prenotare** reserve (v)	**la data di restituzione** due date

lo studente universitario
undergraduate

il docente
professor

la laureata
graduate

la toga
gown

l'aula
lecture hall

la consegna delle lauree
graduation ceremony

le scuole • schools

la modella
model

la scuola d'arte
art college

il conservatorio
music school

l'accademia di danza
dance academy

vocabolario • vocabulary

la borsa di studio scholarship	**la ricerca** research	**la dissertazione** dissertation	**la medicina** medicine	**l'economia** economics
il diploma diploma	**il master** master's	**il dipartimento** department	**la zoologia** zoology	**la politica** politics
la laurea degree	**il dottorato** doctorate	**il diritto** law	**la fisica** physics	**la letteratura** literature
di perfezionamento postgraduate	**la tesi** thesis	**l'ingegneria** engineering	**la filosofia** philosophy	**la storia dell'arte** art history

il lavoro
work

l'ufficio 1 • office 1

il portapenne
desktop organizer

il monitor
monitor

il laptop
laptop

il blocco
notebook

il vassoio
in arrivo
in-tray

il vassoio
in partenza
out-tray

il cassetto
drawer

la scrivania
desk

la sedia
girevole
swivel chair

il cestino
wastebasket

lo schedario
filing cabinet

l'apparecchiature da ufficio •
office equipment

il vassoio per la carta
paper tray

la stampante | printer

il fax | fax machine

gli articoli di cancelleria • office supplies

il biglietto di
accompagnamento
notecard

la carta intestata
stationery

la busta
envelope

la scatola
d'archivio
box file

l'etichetta
tab

il divisore
divider

**il portablocco
con fermaglio**
clipboard

**il blocco per
appunti**
note pad

**la cartella
sospesa**
hanging file

**il portacarte a
fisarmonica**
expanding file

**il raccoglitore
a leva**
ring binder

i punti
staples

il nastro adesivo
tape

il tampone
di inchiostro
ink pad

l'agenda
personal organizer

la cucitrice
stapler

il dispenser
tape dispenser

il perforatore
hole punch

**il timbro
di gomma**
rubber stamp

la puntina
thumbtack

l'elastico
rubber band

il fermafogli
bulldog clip

la graffetta
paper clip

la bacheca | notice board

l'ufficio 2 • office 2

**la lavagna
a fogli mobili**
flipchart

il cavalletto
easel

il verbale
minutes

la relazione
report

il direttore
manager

la proposta
proposal

il
dirigente
executive

la riunione | meeting

vocabolario • vocabulary

la sala da riunione meeting room	**partecipare** attend (v)
l'ordine del giorno agenda	**presiedere** chair (v)

A che ora è la riunione?
What time is the meeting?

Qual è il vostro orario di lavoro?
What are your office hours?

l'oratrice
speaker

la presentazione | presentation

gli affari • business

l'uomo d'affari
businessman

la donna d'affari
businesswoman

il pranzo di lavoro
business lunch

il viaggio d'affari
business trip

l'appuntamento
appointment

l'amministratore
delegato
CEO

la cliente
client

l'agenda | organizer

l'accordo di affari
business deal

vocabolario • vocabulary

la società company	**il personale** staff	**l'ufficio contabilità** accounts department	**l'ufficio legale** legal department
la sede centrale headquarters	**il libro paga** payroll	**l'ufficio marketing** marketing department	**l'ufficio di assistenza clienti** customer service department
la succursale regional office	**lo stipendio** salary	**l'ufficio vendite** sales department	**l'ufficio del personale** human resources department

il computer • computer

la stampante
printer

lo schermo
screen

lo scanner
scanner

il laptop
laptop

il tasto
key

la tastiera
keyboard

il mouse
mouse

l'altoparlante
speaker

l'hardware
hardware

la chiavetta USB
memory stick

il disco rigido esterno
external hard drive

vocabolario • vocabulary

la memoria memory	**il software** software	**il server** server
la RAM RAM	**l'applicazione** application	**la porta** port
i byte bytes	**il programma** program	**il processore** processor
il sistema system	**la rete** network	**il cavo di alimentazione** power cord

l'iPad®
iPad

lo smartphone
smartphone

il desktop • desktop

la barra del menu
menu bar

la barra degli strumenti
toolbar

lo sfondo
wallpaper

il carattere
font

l'icona
icon

la barra di scorrimento
scrollbar

la finestra
window

il file
file

la cartella
folder

il cestino
trash

Internet • internet

il browser
browser

navigare
browse (v)

l'e-mail (f) • email

l'indirizzo e-mail (m)
email address

la posta in arrivo
inbox

il sito web
website

vocabolario • vocabulary

collegare connect (v)

il fornitore di servizi service provider

collegarsi log on (v)

scaricare download (v)

spedire send (v)

salvare save (v)

installare install (v)

l'account di posta elettronica email account

in rete on-line

l'allegato attachment

ricevere receive (v)

cercare search (v)

i mass media • media

lo studio televisivo • television studio

il set
set

il presentatore
presenter

la lampada
light

la telecamera
camera

il carrello della telecamera
camera crane

il cameraman
cameraman

vocabolario • vocabulary

il canale channel	**il documentario** documentary	**la stampa** press	**la telenovela** soap opera	**in differita** prerecorded	**in diretta** live
la programmazione programming	**il telegiornale** news	**le serie televisiva** television series	**il gioco a premi** game show	**il cartone animato** cartoon	**trasmettere** broadcast (v)

l'intervistatore
interviewer

la cronista
reporter

il gobbo
teleprompter

l'annunciatrice
newscaster

gli attori
actors

la giraffa
sound boom

il ciac
clapper board

il set
movie set

la radio • radio

il tecnico del suono
sound technician

il piano di mixaggio
mixing desk

il microfono
microphone

lo studio di registrazione | recording studio

vocabolario • vocabulary

sintonizzare
tune (v)

l'onda media
medium wave

il DJ
DJ

la frequenza
frequency

la trasmissione
broadcast

il canale radiofonico
radio station

la lunghezza d'onda
wavelength

il volume
volume

l'onda lunga
long wave

analogico
analog

l'onda corta
short wave

digitale
digital

la legge • law

la guardia
bailiff

il testimone
witness

il giudice
judge

l'avvocato
lawyer

la giuria
jury

il banco
della giuria
jury box

l'aula del tribunale | courtroom

il pubblico ministero
prosecution

il cancelliere
court clerk

vocabolario • vocabulary

il cliente
client

la citazione
summons

l'ordine
writ

il procedimento
court case

la consulenza legale
legal advice

la dichiarazione
statement

l'accusato
accused

l'imputazione
charge

lo studio dell'avvocato
lawyer's office

il mandato
warrant

la petizione
plea

**la data di
comparizione**
court date

lo stenografo
stenographer

la persona
sospetta
suspect

l'imputato
defendant

la difesa
defense

il fotofit
composite

il criminale
criminal

la fedina penale
criminal record

la guardia carceraria
prison guard

la cella
cell

il carcere
prison

vocabolario • vocabulary

la prova evidence	**colpevole** guilty	**la cauzione** bail	**Voglio vedere un avvocato.** I want to see a lawyer.
il verdetto verdict	**assolto** acquitted	**il ricorso** appeal	**Dov'è il palazzo di giustizia?** Where is the courthouse?
innocente innocent	**la sentenza** sentence	**la libertà condizionale** parole	**Posso versare una cauzione?** Can I post bail?

la fattoria 1 • farm 1

l'agricoltore
farmer

il terreno agricolo
farmland

l'aia
farmyard

il capanno
outbuilding

il casolare
farmhouse

il campo
field

il granaio
barn

l'orto
vegetable
garden

la siepe
hedge

il cancello
gate

il recinto
fence

il pascolo
pasture

il bestiame
livestock

l'aratro
cultivator

il trattore | tractor

la mietitrebbia | combine

i tipi di fattoria • types of farm

l'azienda agricola
crop farm

il raccolto
crop

il caseificio
dairy farm

**l'allevamento
di pecore**
sheep farm

il gregge
flock

l'azienda avicola
poultry farm

l'allevamento di maiali
pig farm

il vivaio ittico
fish farm

l'azienda ortofrutticola
fruit farm

la vigna
vine

il vigneto
vineyard

le attività • actions

il solco
furrow

arare
plow (v)

seminare
sow (v)

mungere
milk (v)

dar da mangiare
feed (v)

irrigare | water (v)

raccogliere | harvest (v)

vocabolario • vocabulary

l'erbicida herbicide	**la mandria** herd	**la mangiatoia** trough
il pesticida pesticide	**il silos** silo	**piantare** plant (v)

la fattoria 2 • farm 2

le colture • crops

il grano
wheat

il granturco
corn

l'orzo
barley

la colza
rapeseed

il girasole
sunflower

la balla
bale

il fieno
hay

l'alfalfa
alfalfa

il tabacco
tobacco

il riso
rice

il tè
tea

il caffè
coffee

lo spaventapasseri
scarecrow

il lino
flax

la canna da zucchero
sugarcane

il cotone
cotton

il bestiame • livestock

il maialino
piglet

il maiale
pig

il vitello
calf

la mucca
cow

il toro
bull

la pecora
sheep

il capretto
kid

l'agnello
lamb

la capra
goat

il puledro
foal

il cavallo
horse

l'asino
donkey

il pulcino
chick

la gallina
chicken

il gallo
rooster

il tacchino
turkey

l'anatroccolo
duckling

l'anatra
duck

la stalla
stable

il recinto
pen

il pollaio
chicken coop

il porcile
pigsty

l'edilizia • construction

l'impalcatura
scaffolding

la scala
ladder

la finestra
window

**la trave
del tetto**
rafter

il pallet
pallet

il cantiere
construction site

il carrello elevatore
forklift truck

l'architrave
lintel

il muro
wall

la trave
girder

il casco
hard hat

**la cintura
porta attrezzi**
toolbelt

la trave
beam

il cemento
cement

costruire
build (v)

il muratore
carpenter

la betoniera
cement mixer

i materiali • materials

il mattone
brick

il legno
lumber

la tegola
roof tile

il blocco di calcestruzzo
concrete block

gli attrezzi • tools

la malta
mortar

la cazzuola
trowel

la livella
level

il manico
handle

la mazza
sledgehammer

il piccone
pickax

la pala
shovel

i macchinari • machinery

il rullo compressore
roller

il camion con cassone ribaltabile
dump truck

il supporto
support

il gancio
hook

la gru | crane

i lavori stradali • roadworks

il catrame
asphalt

il birillo
cone

il martello pneumatico
jackhammer

la riasfaltatura
resurfacing

l'escavatrice meccanica
excavator

i mestieri 1 • occupations 1

il falegname
carpenter

l'elettricista
electrician

l'idraulico
plumber

il muratore
construction worker

il giardiniere
gardener

l'aspirapolvere
vacuum cleaner

l'addetto alle pulizie
cleaner

il meccanico
mechanic

il macellaio
butcher

il parrucchiere
hairdresser

la pescivendola
fish seller

il fruttivendolo
produce seller

la fioraia
florist

il barbiere
barber

il gioielliere
jeweler

la commessa
store clerk

l'agente immobiliare
realtor

l'ottico
optometrist

la
mascherina
mask

la dentista
dentist

il medico
doctor

la farmacista
pharmacist

l'infermiera
nurse

la veterinaria
veterinarian

l'agricoltore
farmer

il pescatore
fisherman

la mitragliatrice
machine-gun

il **distintivo**
badge

la guardia di sicurezza
security guard

la divisa
uniform

il marinaio
sailor

il soldato
soldier

il poliziotto
police officer

il vigile del fuoco
firefighter

i mestieri 2 • occupations 2

il modello
model

l'avvocato
lawyer

il commercialista
accountant

l'architetto
architect

la scienziata
scientist

l'insegnante
teacher

il bibliotecario
librarian

l'addetta alla ricezione
receptionist

la borsa
mailbag

il postino
mail carrier

l'autista
bus driver

il camionista
truck driver

il tassista
cab driver

il pilota
pilot

l'assistente di volo
flight attendant

l'agente di viaggio
travel agent

il cappello
chef's hat

il cuoco
chef

il tutù
tutu

il musicista
musician

la ballerina
dancer

l'attrice
actress

la cantante
singer

la cameriera
waitress

il barista
bartender

l'atleta
sportsman

lo scultore
sculptor

gli appunti
notes

la pittrice
painter

il fotografo
photographer

l'annunciatrice
newscaster

il giornalista
journalist

la redattrice
editor

il disegnatore
designer

la costumista
seamstress

il sarto
tailor

i trasporti
transportation

le strade • roads

l'autostrada
freeway

il casello
toll booth

**la segnaletica
orizzontale**
road markings

**la rampa
di accesso**
frontage
road

a senso unico
one-way

la linea divisoria
divider

lo svincolo
interchange

il semaforo
traffic light

la corsia interna
right lane

**la corsia
centrale**
center lane

**la corsia
esterna**
left lane

la rampa di uscita
exit ramp

il traffico
traffic

il cavalcavia
overpass

**la corsia
d'emergenza**
shoulder

il camion
truck

**la banchina
spartitraffico**
median strip

il sottopassaggio
underpass

il telefono per emergenze
emergency phone

il parcheggio per disabili
disabled parking

l'ingorgo
traffic jam

il passaggio pedonale
crosswalk

il navigatore satellitare
satnav

il vigile urbano
traffic policeman

il parchimetro
parking meter

vocabolario • vocabulary

la rotatoria roundabout	**sorpassare** pass (v)	**i lavori stradali** road construction
la deviazione detour	**parcheggiare** park (v)	**la carreggiata doppia** divided highway
il guardrail guardrail	**rimorchiare** tow away (v)	**È questa la strada per ...?** Is this the road to...?
fare marcia indietro back up (v)	**guidare** drive (v)	**Dove posso parcheggiare?** Where can I park?

i cartelli stradali • road signs

ingresso vietato
do not enter

il limite di velocità
speed limit

pericolo
hazard

sosta vietata
no stopping

svolta a destra vietata
no right turn

---

italiano • english

l'autobus • bus

il sedile
dell'autista
driver's seat

la maniglia
handrail

la porta a soffietto
automatic door

la ruota
anteriore
front wheel

il bagagliaio
luggage hold

la porta | door

il pullman | long-distance bus

i tipi di autobus • types of buses

il numero
del percorso
route number

l'autista
driver

il filobus
trolley bus

l'autobus a due piani
double-decker bus

il tram
tram

lo scuolabus | school bus

**la ruota
posteriore**
rear wheel

il finestrino
window

**il pulsante
di chiamata**
stop button

il biglietto
bus ticket

il campanello
bell

l'autostazione
bus station

**la fermata
dell'autobus**
bus stop

vocabolario • vocabulary

la tariffa fare	**la pensilina** bus shelter
l'orario schedule	**l'accesso per sedie a rotelle** wheelchair access
Ferma a…? Do you stop at…?	**Qual è l'autobus per…?** Which bus goes to…?

il pulmino
minibus

il pullman turistico | tour bus

la navetta | shuttle bus

l'automobile 1 • car 1

l'esterno • exterior

lo specchietto
retrovisore
rear-view mirror

il tergicristallo
windshield wiper

lo sportello
door

**lo specchietto
laterale**
side mirror

il parabrezza
windshield

il bagagliaio
trunk

il cofano
hood

la freccia
turn signal

la targa
license plate

il paraurti
bumper

il faro
headlight

la ruota
wheel

il pneumatico
tire

i bagagli
luggage

il portabagagli
roof rack

il portellone
tailgate

la cintura di sicurezza
seat belt

**il seggiolino per
bambino**
car seat

i tipi • types

l'automobile elettrica
electric car

l'auto a cinque porte
hatchback

la berlina
sedan

l'auto familiare
station wagon

l'auto decappottabile
convertible

l'auto sportiva
sports car

la monovolume
minivan

il fuoristrada
four-wheel drive

l'auto d'epoca
vintage

la limousine
limousine

la stazione di servizio • gas station

**la pompa
di benzina**
gas pump

il prezzo
price

l'area di stazionamento
forecourt

vocabolario • vocabulary

l'olio oil	**piombata** leaded	**l'autolavaggio** car wash
la benzina gaoline	**il diesel** diesel	**l'antigelo** antifreeze
senza piombo unleaded	**il garage** garage	**il detegente per vetri** screenwash

Il pieno per favore.
Fill it up, please.

l'automobile 2 • car 2

l'interno • interior

il poggiatesta
headrest

la sicura
door lock

la maniglia
handle

il sedile posteriore
back seat

il bracciolo
armrest

vocabolario • vocabulary

a due porte two-door	**a quattro porte** four-door	**automatico** automatic	**il freno** brake	**l'acceleratore** accelerator
a tre porte hatchback	**manuale** manual	**l'accensione** ignition	**la frizione** clutch	**l'aria condizionata** air conditioning

Può indicarmi la strada per...?
Can you tell me the way to...?

Dov'è il parcheggio?
Where is the parking lot?

Posso parcheggiare qui?
Can I park here?

i comandi • controls

il volante	il clacson	il cruscotto	le luci intermittenti	la navigazione via satellite
steering wheel	horn	dashboard	hazard lights	satellite navigation

la guida a sinistra | left-hand drive

la spia della temperatura	il contagiri	il contachilometri	la spia del carburante
temperature gauge	tachometer	speedometer	fuel gauge

l'autoradio
car stereo

l'interruttore per le luci
light switch

i comandi per il riscaldamento
heater controls

l'odometro
odometer

la leva del cambio
gearstick

l'airbag
air bag

la guida a destra | right-hand drive

l'automobile 3 • car 3

la meccanica • mechanics

il serbatoio del
liquido lavavetri
screen wash reservoir

l'indicatore di
livello dell'olio
dipstick

il filtro
dell'aria
air filter

il serbatoio del
liquido per i freni
brake fluid reservoir

la batteria
battery

la
carrozzeria
bodywork

il serbatoio per il
liquido refrigerante
coolant reservoir

la testa
del cilindro
cylinder head

il tubo
pipe

il tettuccio
sunroof

il radiatore
radiator

il ventilatore
fan

il motore
engine

il coprimozzo
hubcap

la scatola
del cambio
gearbox

la trasmissione
transmission

l'albero di
trasmissione
driveshaft

la foratura • flat tire

la ruota di scorta
spare tire

la chiave
tire iron

i bulloni della ruota
wheel nuts

il cric
jack

cambiare una ruota
change a tire (v)

il tetto
roof

la sospensione
suspension

il silenziatore
muffler

il tubo di scappamento
exhaust pipe

vocabolario • vocabulary

l'incidente stradale
car accident

il guasto
breakdown

l'assicurazione
insurance

il carro attrezzi
tow truck

il meccanico
mechanic

la candela
spark plug

la scatola dei fusibili
fuse box

la pressione dei pneumatici
tire pressure

la cinghia della ventola
fan belt

il serbatoio della benzina
gas tank

il turbocompressore
turbocharger

il distributore
distributor

la messa in fase
timing

il telaio
chassis

il freno a mano
parking brake

l'alternatore
alternator

la cinghia della camma
cam belt

. . . .

Sono in panne.
My car has broken down.

La mia macchina non parte.
My car won't start.

la motocicletta • motorcycle

la freccia
turn signal

il contachilometri
speedometer

il casco
helmet

la frizione
clutch

il freno
brake

il clacson
horn

l'acceleratore
throttle

i comandi
controls

il portapacchi
carrier

il riflettore
reflector

il sellino posteriore
pillion

il sedile
seat

il motore
engine

il serbatoio
fuel tank

il fanale posteriore
taillight

il tubo di scappamento
exhaust pipe

il silenziatore
muffler

il serbatoio dell'olio
oil tank

la scatola del cambio
gearbox

il filtro dell'aria
air filter

la visiera
visor

la tuta di pelle
leathers

la fascia
rifrangente
reflector strap

il paraginocchio
knee pad

l'abbigliamento | clothing

il proiettore
headlight

l'ammortizzatore
suspension

il parafango
mudguard

il pedale del freno
brake pedal

l'asse
axle

il pneumatico
tire

i tipi • types

la moto da corsa | racing bike

il parabrezza
windshield

la moto da turismo | tourer

la moto da cross | dirt bike

il cavalletto
stand

il motorino | scooter

la bicicletta • bicycle

il sellino
saddle

il tubo reggisella
seat post

la borraccia
water bottle

il telaio
frame

il freno
brake

il mozzo
hub

le marce
gears

il cerchione
rim

il pneumatico
tire

la catena
chain

il pedale
pedal

la ruota
dentata
cog

il tandem
tandem

la bicicletta da corsa
racing bike

la mountain bike
mountain bike

**la bicicletta da
turismo**
touring bike

la bicicletta da strada
road bike

il casco
helmet

la pista ciclabile | cycle lane

la canna
crossbar

il manubrio
handlebar

la leva del cambio
gear lever

la leva del freno
brake lever

la leva per il
pneumatico
tire lever

la toppa
patch

il kit per riparazioni | repair kit

la forcella
fork

la chiave
key

il raggio
spoke

la pompa
pump

il lucchetto
lock

la ruota
wheel

la valvola
valve

il battistrada
tread

la camera d'aria
inner tube

il seggiolino per
bambino
child seat

vocabolario • vocabulary

il dente sprocket	il cavalletto kickstand	il blocca freni brake block	il cestello basket	il fermapiedi toe clip	cambiare marcia change gears (v)
il fanale headlight	le rotelle training wheels	il cavo cable	la dinamo dynamo	il cinghietto toe strap	frenare brake (v)
il fanale posteriore rear light	il posteggio per bici bike rack	il catarifrangente reflector	la foratura flat tire	pedalare pedal (v)	andare in bici cycle (v)

il treno • train

il vagone
car

il binario
platform

il carrello
car

il numero del
binario
platform number

il pendolare
commuter

la stazione ferroviaria | train station

i tipi di treno • types of train

la locomotiva
engine

la cabina del
conducente
engineer's cab

la rotaia
rail

il treno a vapore
steam train

il treno diesel | diesel train

il treno elettrico
electric train

il treno ad alta velocità
high-speed train

la monorotaia
monorail

la metropolitana
subway

il tram
tram

il treno merci
freight train

il portabagagli
luggage rack

il finestrino
window

il binario
track

la porta
door

il sedile
seat

la barriera
ticket gate

lo scompartimento
compartment

**il sistema di avviso
ai passeggeri**
public address system

l'orario
schedule

il biglietto
ticket

il vagone ristorante | dining car

l'atrio | concourse

lo scompartimento a cuccette
sleeping compartment

---

vocabolario • vocabulary

la rete ferroviaria rail network	**il ritardo** delay	**la biglietteria** ticket office	**il binario elettrificato** live rail
il treno intercity express train	**la tariffa** fare	**il controllore** ticket inspector	**il segnale** signal
l'ora di punta rush hour	**la mappa della metropolitana** subway map	**cambiare** change (v)	**la leva di emergenza** emergency lever

---

l'aeroplano • aircraft

l'aereo di linea • airliner

il muso
nose

la cabina di pilotaggio
cockpit

il motore
engine

la fusoliera
fuselage

l'ala
wing

la coda
tail

il timone
rudder

l'uscita
exit

la ruota anteriore
nosewheel

il carrello d'atterraggio
landing gear

l'alettone
aileron

l'aletta
fin

lo stabilizzatore
tailplane

la cabina • cabin

l'uscita di emergenza
emergency exit

l'assistente di volo
flight attendant

il compartimento portabagagli
overhead bin

il finestrino
window

la ventola per l'aria
air vent

la luce di lettura
reading light

il sedile
seat

la fila
row

il vassoio
tray-table

il bracciolo
armrest

il corridoio
aisle

lo schienale
seat back

l'aereo biposto
ultralight

l'aliante
glider

il biplano
biplane

l'elica
propeller

la mongolfiera
hot-air balloon

l'aereo da diporto
light aircraft

l'idrovolante
sea plane

il missile
missile

l'aereo privato
private jet

l'aereo da caccia
fighter plane

la lama rotante
rotor blade

l'elicottero
helicopter

il bombardiere
bomber

vocabolario • vocabulary

il pilota pilot	**decollare** take off (v)	**atterrare** land (v)	**la classe economica** economy class	**il bagaglio a mano** carry-on luggage
il copilota copilot	**volare** fly (v)	**la quota** altitude	**la business class** business class	**la cintura di sicurezza** seat belt

l'aeroporto • airport

l'area di stazionamento
apron

il carrello portabagagli
baggage trailer

il terminal
terminal

il veicolo di servizio
service vehicle

il passaggio pedonale
walkway

l'aereo di linea | airliner

vocabolario • vocabulary

la pista runway	**il numero del volo** flight number	**il nastro trasportatore** carousel	**la vacanza** vacation
la coincidenza connection	**l'immigrazione** immigration	**la sicurezza** security	**prenotare un volo** book a flight (v)
il volo nazionale domestic flight	**la dogana** customs	**l'apparecchio a raggi x** X-ray machine	**fare il check-in** check in (v)
il volo internazionale international flight	**il bagaglio in eccedenza** excess baggage	**l'opuscolo vacanze** travel brochure	**la torre di controllo** control tower

il visto
visa

il bagaglio
a mano
carry-on
luggage

il passaporto | passport

la carta
d'imbarco
boarding pass

il bagaglio
luggage

il carrello
cart

il banco accettazione
check-in desk

il controllo passaporti
passport control

il biglietto
ticket

il numero
dell'uscita
gate number

la
destinazione
destination

gli arrivi
arrivals

le partenze
departures

la sala delle partenze
departure lounge

il pannello degli orari
information screen

il negozio duty free
duty-free shop

il ricupero bagagli
baggage claim

il posteggio dei taxi
taxi stand

l'autonoleggio
car rental

la nave • ship

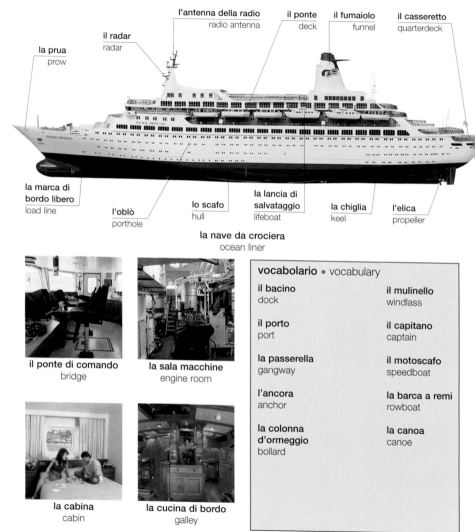

l'antenna della radio
radio antenna

il ponte
deck

il fumaiolo
funnel

il casseretto
quarterdeck

il radar
radar

la prua
prow

la marca di
bordo libero
load line

l'oblò
porthole

lo scafo
hull

la lancia di
salvataggio
lifeboat

la chiglia
keel

l'elica
propeller

la nave da crociera
ocean liner

il ponte di comando
bridge

la sala macchine
engine room

la cabina
cabin

la cucina di bordo
galley

vocabolario • vocabulary

il bacino
dock

il porto
port

la passerella
gangway

l'ancora
anchor

**la colonna
d'ormeggio**
bollard

il mulinello
windlass

il capitano
captain

il motoscafo
speedboat

la barca a remi
rowboat

la canoa
canoe

altre imbarcazioni • other ships

il traghetto
ferry

il motore fuoribordo
outboard motor

il gommone
inflatable dinghy

l'aliscafo
hydrofoil

lo yacht
yacht

il catamarano
catamaran

il rimorchiatore
tugboat

l'hovercraft
hovercraft

la nave porta container
container ship

il sartiame
rigging

la barca a vela
sailboat

la stiva
hold

la nave da trasporto
freighter

la petroliera
oil tanker

la portaerei
aircraft carrier

la nave da guerra
battleship

la torretta di comando
conning tower

il sottomarino
submarine

il porto • port

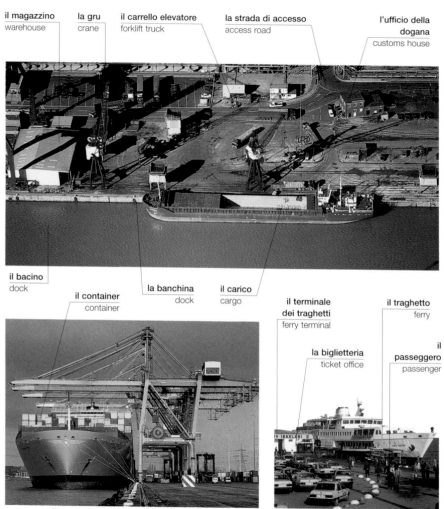

il magazzino
warehouse

la gru
crane

il carrello elevatore
forklift truck

la strada di accesso
access road

l'ufficio della
dogana
customs house

il bacino
dock

il container
container

la banchina
dock

il carico
cargo

il terminale
dei traghetti
ferry terminal

il traghetto
ferry

la biglietteria
ticket office

il
passeggero
passenger

il porto per container | container port

il porto per passeggeri | passenger port

la rete
net

la barca da pesca
fishing boat

l'ormeggio
mooring

il porto turistico
marina

il porto da pesca
fishing port

il porto
harbor

il pontile
pier

il molo
jetty

il cantiere navale
shipyard

la luce
lamp

il faro
lighthouse

la boa
buoy

vocabolario • vocabulary

il guardacoste coastguard	mollare l'ancora drop anchor (v)	imbarcare board (v)
il capitano di porto harbor master	ormeggiare moor (v)	sbarcare disembark (v)
il bacino di carenaggio dry dock	entrare in bacino dock (v)	salpare set sail (v)

gli sport
sports

il football americano • football

la porta
goalpost

la linea laterale
sideline

il giudice di linea
line judge

la linea del gol
goal line

il campo
football field

il fondo campo
end zone

il pallone
football

le ginocchiere
pads

il casco
helmet

lo scarpino
shoe

il giocatore
football player

placcare
tackle (v)

passare
pass (v)

prendere
catch (v)

---

vocabolario • vocabulary

il time-out time out	**la squadra** team	**la difesa** defense	**la cheerleader** cheerleader	**A quanto stanno?** What is the score?
il fumble fumble	**l'attacco** attack	**il punteggio** score	**il touch-down** touchdown	**Chi vince?** Who is winning?

---

il rugby • rugby

la porta
goal

l'area della porta
in-goal area

la linea di touch
touch line

la bandierina
flag

la linea di
palla morta
dead ball line

il campo | rugby field

il pallone
ball

calciare
kick (v)

la divisa
da rugby
rugby uniform

passare
pass (v)

placcare
tackle (v)

tirare
throw (v)

la meta
try

il giocatore
player

il ruck | ruck

la mischia | scrum

il calcio • soccer

il pallone
soccer ball

l'attaccante
forward

l'arbitro
referee

il centro campo
center circle

il portiere
goalkeeper

la divisa
soccer
uniform

il calciatore
soccer player

il campo di calcio
soccer field

il palo
goalpost

la rete
net

la traversa
crossbar

dribblare | dribble (v)

colpire di testa
head (v)

il muro
wall

il gol | goal

il calcio di punizione | free kick

l'area di rigore
penalty area

la linea di fondo
goal line

l'area di porta
goal area

la porta
goal

il difensore
defender

il guardialinee
linesman

la bandierina
corner flag

la rimessa in gioco
throw-in

calciare
kick (v)

lo scarpino
shoe

passare
pass (v)

tirare | shoot (v)

parare
save (v)

contrastare
tackle (v)

vocabolario • vocabulary

lo stadio stadium	**il fallo** foul	**il cartellino giallo** yellow card	**il campionato** league	**il sostituto** substitute
segnare score a goal (v)	**il calcio d'angolo** corner	**il fuorigioco** off-side	**il pareggio** tie	**la sostituzione** substitution
il rigore penalty	**il cartellino rosso** red card	**l'espulsione** send off	**l'intervallo** half time	**il tempo supplementare** extra time

l'hockey • hockey

l'hockey su ghiaccio • ice hockey

l'area di difesa
defending zone

la linea
della porta
goal line

l'area di
attacco
attack zone

l'area neutrale
neutral zone

il portiere
goalkeeper

la porta
goal

il circolo di
confronto
face-off circle

il cerchio centrale
center circle

il guanto
glove

il paraspalla
pad

la pista da hockey su ghiaccio
ice hockey rink

la mazza
stick

il pattino
ice-skate

l'hockey sull'erba • field hockey

la mazza da hockey
hockey stick

la pallina
ball

il dischetto
puck

il giocatore di hockey su ghiaccio
ice hockey player

pattinare
skate (v)

colpire
hit (v)

il cricket • cricket

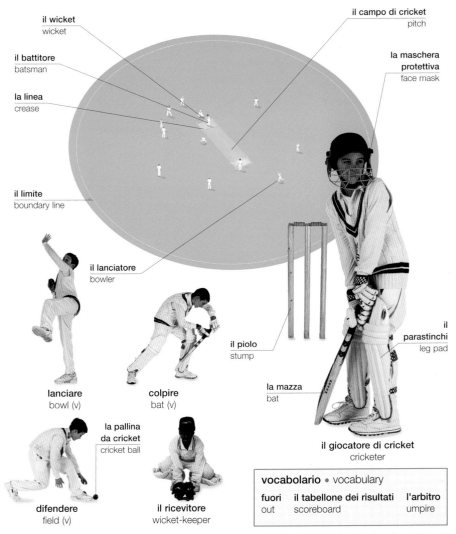

il wicket
wicket

il campo di cricket
pitch

il battitore
batsman

la maschera
protettiva
face mask

la linea
crease

il limite
boundary line

il lanciatore
bowler

il piolo
stump

il
parastinchi
leg pad

lanciare
bowl (v)

colpire
bat (v)

la mazza
bat

la pallina
da cricket
cricket ball

il giocatore di cricket
cricketer

difendere
field (v)

il ricevitore
wicket-keeper

vocabolario • vocabulary

fuori	il tabellone dei risultati	l'arbitro
out	scoreboard	umpire

la pallacanestro • basketball

la linea
laterale
sideline

l'arbitro
referee

il dischetto
center circle

la linea di tiro libero
free-throw line

la linea di fondo
endline

il campo
court

la linea di
centrocampo
centerline

la linea dei
tre punti
three-point line

il numero
number

il tabellone
backboard

il pallone
ball

l'anello
hoop

la rete
net

il canestro
basket

il giocatore di pallacanestro | basketball player

vocabolario •
vocabulary

il fallo	la rimessa
foul	throw-in
il rimbalzo	fuori campo
rebound	out of bounds
il passaggio	il tiro in sospensione
pass	jump ball

le azioni • actions

tirare
throw (v)

acchiappare
catch (v)

tirare
shoot (v)

saltare
jump (v)

marcare
mark (v)

bloccare
block (v)

rimbalzare
dribble (v)

segnare
dunk (v)

la pallavolo • volleyball

contrastare
block (v)

l'arbitro
referee

la rete
net

difendere
dig (v)

la ginocchiera
knee support

il campo | court

il baseball • baseball

il campo • field

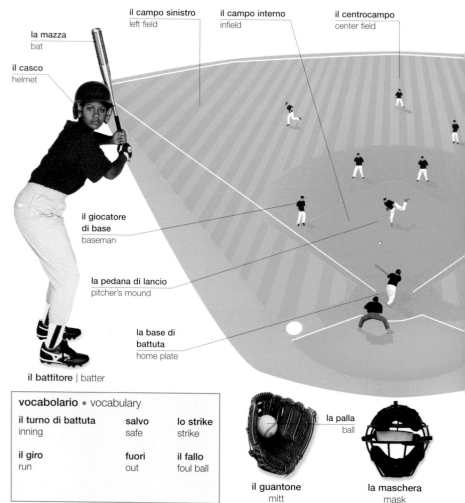

il campo sinistro
left field

il campo interno
infield

il centrocampo
center field

la mazza
bat

il casco
helmet

il giocatore di base
baseman

la pedana di lancio
pitcher's mound

la base di battuta
home plate

il battitore | batter

---

vocabolario • vocabulary

il turno di battuta	**salvo**	**lo strike**
inning	safe	strike
il giro	**fuori**	**il fallo**
run	out	foul ball

la palla
ball

il guantone
mitt

la maschera
mask

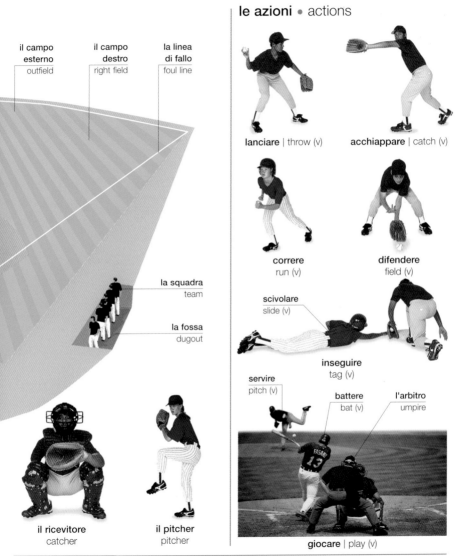

il campo esterno
outfield

il campo destro
right field

la linea di fallo
foul line

la squadra
team

la fossa
dugout

il ricevitore
catcher

il pitcher
pitcher

le azioni • actions

lanciare | throw (v)

acchiappare | catch (v)

correre
run (v)

difendere
field (v)

scivolare
slide (v)

inseguire
tag (v)

servire
pitch (v)

battere
bat (v)

l'arbitro
umpire

giocare | play (v)

il tennis • tennis

l'impugnatura handle

la testa head

la corda string

l'arbitro umpire

la linea di fondo baseline

la racchetta racket

la linea di servizio service line

la linea laterale sideline

la palla ball

il polsino wristband

il campo | tennis court

---

vocabolario • vocabulary

il singolare singles	**il set** set	**il deuce** deuce	**il fallo** fault	**il taglio** slice	**l'avvitamento** spin
il doppio doubles	**la partita** match	**il vantaggio** advantage	**l'asso** ace	**il palleggio** rally	**il campionato** championship
il gioco game	**il tiebreak** tiebreaker	**a zero** love	**la smorzata** dropshot	**colpo nullo!** let!	**il giudice di linea** linesman

i colpi • strokes

la rete
net

la schiacciata
smash

il raccattapalle
ball boy

battere
il servizio
serve (v)

le scarpe
da tennis
tennis shoes

il tennista
player

il servizio
serve

la volée
volley

il ritorno
return

il pallonetto
lob

il dritto
forehand

il rovescio
backhand

i giochi con la racchetta • racket games

il volano
shuttlecock

la racchetta
paddle

il badminton
badminton

il ping pong
table tennis

lo squash
squash

il racquetball
racquetball

il golf • golf

il green
green

il bunker
bunker

la
bandierina
flag

il teeing-ground
teeing ground

la buca
hole

fare lo swing
swing (v)

il fairway
fairway

il rough
rough

l'ostacolo
d'acqua
water hazard

il campo di golf
golf course

il buggy
golf cart

la posizione
stance

la golfista | golfer

la sede del circolo | clubhouse

le attrezzature • equipment

la pallina da golf
golf ball

il tee
tee

il guanto
glove

la sacca da golf
golf bag

i chiodi
spikes

il carrellino
golf cart

la scarpa da golf
golf shoe

le mazze da golf • golf clubs

la mazza di legno
wood

il putter
putter

la mazza di ferro
iron

la mazza ricurva
wedge

le azioni • actions

cominciare la partita
tee off (v)

colpire a distanza
drive (v)

colpire leggermente
putt (v)

colpire da vicino
chip (v)

---

vocabolario • vocabulary

il par par	**l'overpar** over par	**l'handicap** handicap	**il caddy** caddy	**il colpo** stroke	**il back-swing** backswing
l'underpar under par	**la buca in uno** hole in one	**il torneo** tournament	**gli spettatori** spectators	**lo swing di pratica** practice swing	**la linea di gioco** line of play

---

l'atletica • track and field

la corsia
lane

la pista
track

il traguardo
finish line

la linea di partenza
starting line

il campo
field

l'atleta
athlete

la pedana
di partenza
starting
blocks

il velocista
sprinter

il lancio del disco
discus

il lancio del peso
shotput

il lancio del giavellotto
javelin

vocabolario • vocabulary

la gara race	**il primato** record	**il fotofinish** photo finish	**il salto con l'asta** pole vault
il tempo time	**battere un primato** break a record (v)	**la maratona** marathon	**il primato personale** personal best

il cronometro
stopwatch

il testimone
baton

la sbarra
crossbar

la staffetta
relay race

il salto in alto
high jump

il salto in lungo
long jump

la corsa a ostacoli
hurdles

la ginnastica • gymnastics

la pedana
elastica
springboard

la ginnasta
gymnast

il cavallo
horse

la capriola
somersault

la trave
beam

il nastro
ribbon

la pedana
mat

il volteggio
vault

**la ginnastica a
corpo libero**
floor exercises

la ruota
tumble

la ginnastica ritmica
rhythmic gymnastics

vocabolario • vocabulary

la sbarra horizontal bar	**le sbarre asimmetriche** asymmetric bars	**gli anelli** rings	**le medaglie** medals	**l'argento** silver
le parallele parallel bars	**il cavallo** pommel horse	**il podio** podium	**l'oro** gold	**il bronzo** bronze

gli sport da combattimento • combat sports

l'avversario
opponent

il casco
guard

la cintura
belt

il guanto
glove

il tae kwondo
tae kwon do

la maschera
mask

la sciabola
sword

il karate
karate

il judo
judo

il kung fu
kung fu

l'aikido
aikido

il kendo
kendo

il kickboxing
kickboxing

la lotta greco-romana
wrestling

il pugilato
boxing

le mosse • actions

la scivolata
fall

la presa
hold

la proiezione
throw

la caduta
pin

il calcio
kick

il pugno
punch

il colpo
strike

il salto
jump

la parata
block

il colpo di taglio
chop

vocabolario • vocabulary

il ring boxing ring	**il round** round	**il pugno** fist	**la cintura nera** black belt	**la capoeira** capoeira
i guantoni boxing gloves	**l'incontro** bout	**il k.o** knockout	**l'autodifesa** self-defense	**il sumo** sumo wrestling
il paradenti mouth guard	**l'allenamento** sparring	**il sacco** punching bag	**le arti marziali** martial arts	**il tai-chi** tai-chi

il nuoto • swimming
l'attrezzatura • equipment

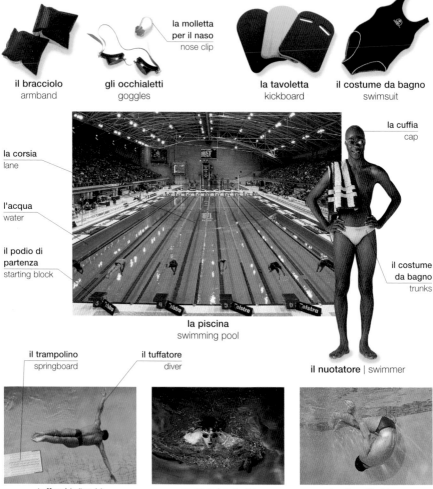

la molletta per il naso
nose clip

il bracciolo
armband

gli occhialetti
goggles

la tavoletta
kickboard

il costume da bagno
swimsuit

la cuffia
cap

la corsia
lane

l'acqua
water

il podio di partenza
starting block

il costume da bagno
trunks

la piscina
swimming pool

il nuotatore | swimmer

il trampolino
springboard

il tuffatore
diver

tuffarsi | dive (v)

nuotare | swim (v)

la giravolta | turn

gli stili • styles

lo stile libero
front crawl

la rana
breaststroke

la bracciata
stroke

la gambata
kick

il dorso | backstroke

la farfalla | butterfly

il nuoto subacqueo • scuba diving

la bombola
air cylinder

la tuta
subacquea
wetsuit

la maschera
mask

la pinna
flipper

il regolatore
regulator

il boccaglio
snorkel

la cintura dei pesi
weight belt

vocabolario • vocabulary

il tuffo dive	**il tuffo alto** high dive	**gli armadietti** lockers	**la pallanuoto** water polo	**la parte bassa** shallow end	**il crampo** cramp
il tuffo di rincorsa racing dive	**tenersi a galla** tread water (v)	**il bagnino** lifeguard	**la parte profonda** deep end	**il nuoto sincronizzato** synchronized swimming	**annegare** drown (v)

la vela • sailing

la bussola
compass

l'ancora
anchor

l'albero
mast

il sartiame
rigging

la vela di maestra
mainsail

la vela di prua
headsail

la
galloccia
cleat

il ponte laterale
sidedeck

la prua
bow

il boma
boom

la
poppa
stern

la barra
tiller

lo scafo
hull

navigare | navigate (v)

lo yacht | yacht

la sicurezza • safety

il razzo illuminante
flare

il salvagente
life preserver

il giubbotto di salvataggio
life jacket

la zattera di salvataggio
life raft

gli sport acquatici • watersports

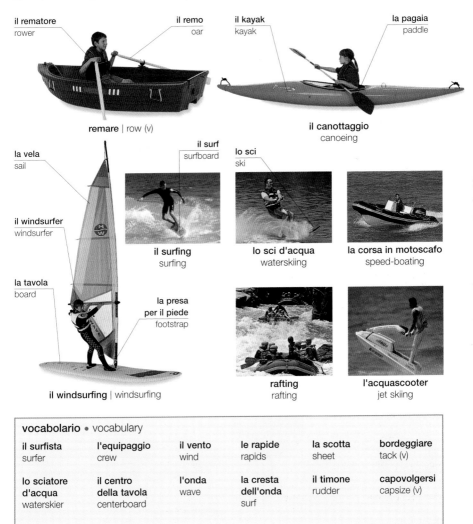

il rematore
rower

il remo
oar

il kayak
kayak

la pagaia
paddle

remare | row (v)

il canottaggio
canoeing

la vela
sail

il surf
surfboard

lo sci
ski

il windsurfer
windsurfer

la tavola
board

la presa
per il piede
footstrap

il surfing
surfing

lo sci d'acqua
waterskiing

la corsa in motoscafo
speed-boating

il windsurfing | windsurfing

rafting
rafting

l'acquascooter
jet skiing

vocabolario • vocabulary

il surfista surfer	l'equipaggio crew	il vento wind	le rapide rapids	la scotta sheet	bordeggiare tack (v)
lo sciatore d'acqua waterskier	il centro della tavola centerboard	l'onda wave	la cresta dell'onda surf	il timone rudder	capovolgersi capsize (v)

l'equitazione • horse riding

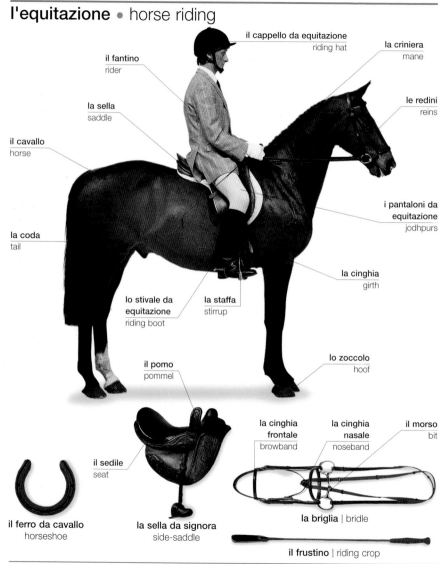

il cappello da equitazione
riding hat

il fantino
rider

la criniera
mane

la sella
saddle

le redini
reins

il cavallo
horse

la coda
tail

i pantaloni da
equitazione
jodhpurs

la cinghia
girth

lo stivale da
equitazione
riding boot

la staffa
stirrup

lo zoccolo
hoof

il pomo
pommel

la cinghia
frontale
browband

la cinghia
nasale
noseband

il morso
bit

il sedile
seat

la briglia | bridle

il ferro da cavallo
horseshoe

la sella da signora
side-saddle

il frustino | riding crop

le corse • events

il cavallo da corsa
racehorse

l'ostacolo
fence

la corsa di cavalli
horse race

la corsa a ostacoli
steeplechase

la corsa al trotto
harness race

il rodeo
rodeo

il concorso ippico
showjumping

la corsa di carrozze
carriage race

l'escursione a cavallo
trail riding

il dressage
dressage

il polo
polo

---

vocabolario • vocabulary

il passo walk	**il galoppo** gallop	**il salto** jump	**la cavezza** halter	**il recinto** paddock	**l'ippodromo** racecourse
il trotto trot	**il piccolo galoppo** canter	**il palafreniere** groom	**la stalla** stable	**l'arena** arena	**la corsa in piano** flat race

---

la pesca • fishing

il peso | sinker

l'uncino
barb

l'occhiello
eye

l'amo
fishhook

l'esca | bait

la mosca
fly

la retina
landing net

il galleggiante
float

l'esca
lure

la scatola portaesche
tackle box

la rete da pesca
keep net

gli stivaloni
di gomma
waders

la canna da pesca
fishing rod

il mulinello
reel

la lenza
line

il pescatore | angler

i tipi di pesca • types of fishing

la pesca in acqua dolce
freshwater fishing

la pesca con la mosca
fly fishing

la pesca sportiva
sport fishing

la pesca in alto mare
deep sea fishing

la pesca dalla riva
surfcasting

le attività • activities

lanciare
cast (v)

prendere
catch (v)

tirare con il mulinello
reel in (v)

pescare con la rete
net (v)

rilasciare
release (v)

vocabolario • vocabulary

fornire di esca bait (v)	**l'attrezzatura** tackle	**i sovrapantaloni** waterproofs	**la licenza di pesca** fishing permit	**la nassa** creel
abboccare bite (v)	**la bobina** spool	**la canna da pesca** fishing pole	**la pesca in mare** marine fishing	**la pesca con la fiocina** spearfishing

lo sci • skiing

la pista da sci
ski slope

la seggiovia
chairlift

la funivia
cable car

il guanto
glove

il bastone da sci
ski pole

la pista da sci
ski run

la transenna di sicurezza
safety barrier

la punta
tip

la lama
edge

lo sci
ski

la giacca da sci
ski jacket

la sciatrice
skier

lo scarpone da sci
ski boot

le gare • events

la discesa
downhill skiing

la porta
gate

lo slalom
slalom

il salto
ski jump

lo sci di fondo
cross-country skiing

gli sport invernali • winter sports

gli occhiali
goggles

il pattino
skate

**l'arrampicata
su ghiaccio**
ice climbing

**il pattinaggio
su ghiaccio**
ice-skating

**il pattinaggio
artistico**
figure skating

lo snowboard
snowboarding

il bob
bobsled

lo slittino
luge

la motoslitta
snowmobile

la corsa su slitta
sledding

---

vocabolario • vocabulary

la valanga avalanche	**fuoripista** off-piste
lo sci alpino alpine skiing	**il curling** curling
lo slalom gigante giant slalom	**il biathlon** biathlon
la corsa su slitta trainata da cani dog-sledding	**il pattinaggio di velocità** speed skating

---

gli altri sport • other sports

l'aliante
glider

il deltaplano
hang-glider

il volo a vela
gliding

il paracadute
parachute

il volo in deltaplano
hang-gliding

la corda
rope

l'alpinismo in parete
rock-climbing

il paracadutismo
parachuting

il parapendio
paragliding

il paracadutismo libero
skydiving

la cordata
rappelling

il bungee jumping
bungee jumping

il rally
rally driving

il pilota
da corsa
racing driver

l'automobilismo
auto racing

il motocross
motocross

il motociclismo
motorcycle racing

la tavola da
skateboard
skateboard

lo skate board
skateboarding

il pattinaggio in linea
inline skating

la mazza
stick

il lacrosse
lacrosse

la
maschera
mask

il
fioretto
foil

la scherma
fencing

il birillo
pin

l'arco
bow

la freccia
arrow

la faretra
quiver

il tiro con l'arco
archery

il bersaglio
target

il tiro al bersaglio
target shooting

la palla da
bowling
bowling ball

il bowling
bowling

il biliardo
pool

lo snooker
snooker

il fitness • fitness

la cyclette
exercise bike

la macchina per esercizi
gym machine

la panca
bench

i manubri
free weights

la sbarra
bar

la palestra
gym

il vogatore
rowing machine

il treadmill
treadmill

il cross trainer
cross-trainer

l'istruttore individuale
personal trainer

la macchina per step
step machine

la piscina
swimming pool

la sauna
sauna

gli esercizi • exercises

lo stretching
stretch

lo stiramento
lunge

il collant
tights

le flessioni
pushup

il manubrio
dumbbell

lo squat
squat

gli addominali
situp

**le alzate con
il manubrio**
biceps curl

**la pressa per
le gambe**
leg press

il bilanciere
weight bar

gli
scarponcini
athletic
shoes

la pressa per pettorali
chest press

**l'addestramento
ai pesi**
weight training

il footing
jogging

il Pilates
Pilates

---

vocabolario • vocabulary

allenarsi train (v)	**correre sul posto** jog in place (v)	**stendere** extend (v)	**la ginnastica prepugilistica** boxercise	**saltare con la corda** jumping rope
riscaldarsi warm up (v)	**flettere** flex (v)	**sollevare** pull up (v)	**l'allenamento a circuito** circuit training	

---

il tempo libero
leisure

il teatro • theater

il sipario
curtain

le quinte
wings

la scenografia
set

il pubblico
audience

l'orchestra
orchestra

il palcoscenico | stage

la poltrona
seat

la seconda galleria
balcony

la fila
row

il palco
box

la galleria
balcony

la balconata
balcony

il corridoio
aisle

le poltrone di platea
orchestra

le poltrone | seating

vocabolario • vocabulary

l'attrice actress	il regista director	la prima opening night
il cast cast	il produttore producer	l'intervallo intermission
l'attore actor	il copione script	il programma program
l'opera teatrale play	il fondale backdrop	il golfo mistico orchestra pit

italiano • english

il concerto
concert

il musical
musical

il costume
costume

il balletto
ballet

vocabolario • vocabulary

la maschera
usher

la musica classica
classical music

la partitura musicale
musical score

la colonna sonora
soundtrack

applaudire
applaud (v)

il bis
encore

Vorrei due biglietti per lo spettacolo di stasera.
I'd like two tickets for tonight's performance.

A che ora inizia?
What time does it start?

l'opera
opera

---

il cinema • cinema

il popcorn
popcorn

la biglietteria
box office

l'atrio
lobby

il poster
poster

il cinema
movie theater

lo schermo
screen

vocabolario • vocabulary

la commedia
comedy

il thriller
thriller

il film di orrore
horror movie

il western
western

il film d'amore
romance

il film di fantascienza
science fiction movie

il film di avventura
adventure

il film di animazione
animated film

---

l'orchestra • orchestra

le corde • strings

l'arpa
harp

il direttore di orchestra
conductor

il contrabbasso
double bass

il violino
violin

il podio
podium

la viola
viola

il violoncello
cello

lo spartito
score

la chiave
di sol
treble clef

la nota
note

il
pentagramma
staff

la chiave
di basso
bass clef

il pianoforte | piano

l'annotazione | notation

---

vocabolario • vocabulary

l'ouverture	la sonata	la pausa	il diesis	naturale	la scala
overture	sonata	rest	sharp	natural	scale
la sinfonia	**gli strumenti**	**il tono**	**il bemolle**	**la battuta**	**la bacchetta**
symphony	instruments	pitch	flat	bar	baton

---

italiano • english

gli strumenti a fiato • woodwind

il piffero
piccolo

il flauto
flute

l'oboe
oboe

il corno inglese
cor anglais

il clarinetto
clarinet

il clarinetto basso
bass clarinet

il fagotto
bassoon

il controfagotto
double bassoon

il sassofono
saxophone

la percussione • percussion

il vibrafono
vibraphone

i bongo
bongos

il tamburo militare
snare drum

il timpano
kettledrum

il gong
gong

i cembali
cymbals

il tamburino
tambourine

il triangolo
triangle

i maracas
maracas

i pedali
foot pedals

gli ottoni • brass

la tromba
trumpet

il trombone
trombone

il corno
French horn

la tuba
tuba

il **concerto** • concert

l'altoparlante
speaker

i fans
fans

il cantante
lead singer

il chitarrista
guitarist

il microfono
microphone

il batterista
drummer

il **concerto rock** | rock concert

gli **strumenti** • instruments

il riproduttore
acustico
pickup

il manico
neck

il basso
bass guitar

la tastiera
keyboard

il ponte
bridge

la chitarra elettrica
electric guitar

il tasto
fret

la meccanica
tuning peg

la corda
string

il tamburo
drum

la batteria
drum kit

gli stili musicali • musical styles

il jazz
jazz

il blues
blues

il punk
punk

la musica folk
folk music

il pop
pop

la musica da ballo
dance

il rap
rap

l'heavy metal
heavy metal

la musica classica
classical music

---

vocabolario • vocabulary

| **la canzone**
song | **il testo**
lyrics | **la melodia**
melody | **il ritmo**
beat | **il reggae**
reggae | **il country**
country | **il proiettore**
spotlight |

il turismo • sightseeing

il turista
tourist

il luogo d'interesse turistico | tourist attraction

l'itinerario
itinerary

scoperto
open-top

il pullman turistico | tour bus

la guida turistica
tour guide

la visita guidata
guided tour

la statuina
figurine

i ricordi
souvenirs

---

vocabolario • vocabulary

aperto open	**la guida** guidebook	**le indicazioni** directions	**a sinistra** left	**Dov'è…?** Where is…?
chiuso closed	**la pellicola** film	**la videocamera** camcorder	**a destra** right	**Mi sono perso.** I'm lost.
la tariffa d'ingresso admission charge	**le batterie** batteries	**la macchina fotografica** camera	**dritto** straight ahead	**Mi può dire come si arriva a…?** Can you tell me the way to….?

i luoghi d'interesse • attractions

il quadro
painting

l'oggetto
exhibit

la galleria d'arte
art gallery

il monumento
monument

l'esposizione
exhibition

il museo
museum

la rovina famosa
famous ruin

l'edificio storico
historic building

il casinò
casino

i giardini
gardens

il parco nazionale
national park

l'informazione • information

gli orari
times

la pianta del piano
floor plan

la mappa
map

l'orario
schedule

l'ufficio informazioni turistiche
tourist information

le attività all'aria aperta • outdoor activities

il sentiero
footpath

la meridiana
sundial

il caffè
café

il parco | park

il prato
grass

la panchina
bench

**il giardino
all'italiana**
formal gardens

le montagne russe
roller coaster

il luna park
fairground

il parco a tema
theme park

lo zoosafari
safari park

lo zoo
zoo

le attività • activities

il ciclismo
cycling

il footing
jogging

lo skateboard
skateboarding

il pattinaggio
rollerblading

il sentiero per cavalli
bridle path

l'ornitologia
bird-watching

l'equitazione
horseback riding

l'escursionismo
hiking

la cesta
hamper

il picnic
picnic

il parco giochi • playground

la fossa di sabbia
sandbox

la piscina gonfiabile
wading pool

l'altalena
swings

il bilanciere | seesaw

lo scivolo
slide

la struttura per arrampicarsi
climbing frame

la spiaggia • beach

l'albergo
hotel

l'ombrellone
beach umbrella

la cabina
beach hut

la sabbia
sand

l'onda
wave

il mare
sea

la borsa
da spiaggia
beach bag

il bikini
bikini

prendere il sole | sŭnbathe (v)

il bagnino
lifeguard

la torre di sorveglianza
lifeguard tower

il paravento
windbreak

il lungomare
boardwalk

la sedia a sdraio
deck chair

gli occhiali da sole
sunglasses

il cappello da spiaggia
sun hat

la crema abbronzante
suntan lotion

la crema protettiva
sunblock

il pallone da spiaggia
beach ball

la ciambella
inflatable ring

il costume da bagno
swimsuit

la paletta
shovel

il secchiello
pail

il castello di sabbia
sandcastle

la conchiglia
shell

l'asciugamano da spiaggia
beach towel

il campeggio • camping

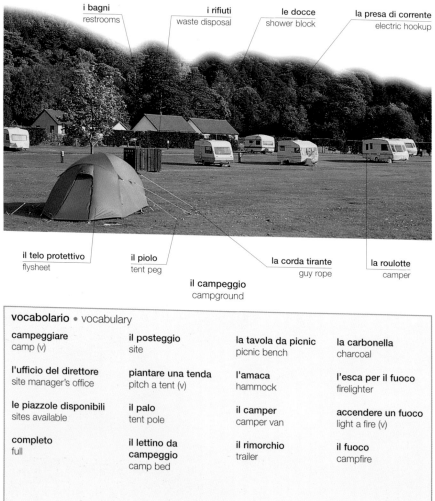

i bagni
restrooms

i rifiuti
waste disposal

le docce
shower block

la presa di corrente
electric hookup

il telo protettivo
flysheet

il piolo
tent peg

la corda tirante
guy rope

la roulotte
camper

il campeggio
campground

vocabolario • vocabulary

campeggiare camp (v)	**il posteggio** site	**la tavola da picnic** picnic bench	**la carbonella** charcoal
l'ufficio del direttore site manager's office	**piantare una tenda** pitch a tent (v)	**l'amaca** hammock	**l'esca per il fuoco** firelighter
le piazzole disponibili sites available	**il palo** tent pole	**il camper** camper van	**accendere un fuoco** light a fire (v)
completo full	**il lettino da campeggio** camp bed	**il rimorchio** trailer	**il fuoco** campfire

la struttura
frame

il telo isolante
groundsheet

lo zaino
backpack

il thermos
vacuum flask

la borraccia
water bottle

la tenda
tent

l'insettifugo
insect repellent

la torcia
flashlight

la zanzariera
mosquito net

gli indumenti
termici
thermals

il sacco a pelo
sleeping bag

le scarpe da
escursionismo
walking boots

gli indumenti
impermeabili
rain gear

il materassino
sleeping mat

il fornelletto da campeggio
camping stove

la griglia per barbecue
barbecue grill

il materassino ad aria | air mattress

gli intrattenimenti in casa • home entertainment

il disco DVD
DVD

il lettore di DVD
DVD player

la radio digitale
digital radio

l'iPod®
iPod

il giradischi
record player

il lettore di CD
CD player

l'altoparlante
(speaker

la radio
radio

l'amplificatore
amplifier

le cuffie
headphones

il supporto per
l'altoparlante
speaker stand

il supporto
stand

l'impianto stereo
stereo system

lo schermo
screen

l'oculare
eyecup

il decoder
DTV converter box

la videocamera
camcorder

l'antenna parabolica
satellite dish

la TV a schermo piatto
flatscreen TV

la console
console

l'avanzamento veloce
fast-forward

la pausa
pause

la registrazione
record

il volume
volume

il riavvolgimento
rewind

lo stop
stop

il comando
controller

il play
play

il telecomando
remote control

il videogioco | video game

---

vocabolario • vocabulary

il compact disc CD	**la pubblicità** advertisement	**la televisione via cavo** cable television	**digitale** digital	**stereo** stereo
l'audiocassetta cassette tape	**il canale a pagamento** pay-per-view channel	**il programma** program	**guardare la televisione** watch television (v)	**sintonizzare la radio** tune the radio (v)
il mangianastri cassette player	**lo streaming** streaming	**cambiare canale** change channels (v)		**spegnere la televisione** turn off the television (v)
il lungometraggio feature film	**Wifi** Wifi	**alta definizione (HD)** high-definition	**accendere la televisione** turn on the television (v)	

la fotografia • photography

il pulsante di scatto
shutter release

il regolatore di esposizione
aperture dial

l'obiettivo
lens

il filtro
filter

il copriobiettivo
lens cap

la macchina fotografica SLR | SLR camera

il flash
flash gun

l'esposimetro
light meter

lo zoom
zoom lens

il treppiede
tripod

i tipi di macchina fotografica • types of camera

la macchina
fotografica Polaroid
Polaroid camera

la macchina
fotografica APS
APS camera

il flash
flash

il telefono con
macchina fotografica
cameraphone

la macchina fotografica
usa e getta
disposable camera

fotografare • photograph (v)

il rullino
film roll

la pellicola
film

mettere a fuoco
focus (v)

sviluppare
develop (v)

il negativo
negative

orizzontale
landscape

verticale
portrait

la fotografia | photograph

l'album fotografico
photo album

la cornice
picture frame

i difetti • problems

sottoesposto
underexposed

sovraesposto
overexposed

sfocato
out of focus

l'occhio rosso
red eye

---

vocabolario • vocabulary

il mirino
viewfinder

opaco
mat

la custodia
camera case

lucido
gloss

l'esposizione
exposure

l'ingrandimento
enlargement

la camera oscura
darkroom

la fotografia (sviluppata)
print

Vorrei far sviluppare questo rullino.
I'd like this film processed.

i giochi • games

la scacchiera
chessboard

nero
black

bianco
white

la regina
queen

il re
king

l'alfiere
bishop

il pedone
pawn

la torre
rook

il cavallo
knight

gli scacchi
chess

la casella
square

la pedina
tile

la pedina
piece

la dama
checkers

lo scrabble
Scrabble

il dado
dice

la pedina
counter

il monopoly
Monopoly

il tric trac (la tavola reale) | backgammon

i giochi da tavolo | board games

il bersaglio
dartboard

il centro
bullseye

la filatelia
stamp collecting

il puzzle
jigsaw puzzle

il domino
dominoes

le freccette
darts

il jolly
joker

il quadro
diamond

il fante
jack

la picca
spade

la regina
queen

mescolare | shuffle (v)

il re
king

il cuore
heart

l'asso
ace

le carte
cards

il fiore
club

distribuire | deal (v)

---

vocabolario • vocabulary

la mossa move	**vincere** win (v)	**il perdente** loser	**il punto** point	**il bridge** bridge	**A chi tocca?** Whose turn is it?
giocare play (v)	**il vincitore** winner	**il gioco** game	**il punteggio** score	**il colore** suit	**Tocca a te.** It's your move.
il giocatore player	**perdere** lose (v)	**la scommessa** bet	**il poker** poker	**il mazzo di carte** deck of cards	**Tira i dadi.** Roll the dice.

---

arte e artigianato 1 • arts and crafts 1

l'artista
artist

il quadro
painting

il cavalletto
easel

la tela
canvas

il pennello
brush

la tavolozza
palette

la pittura | painting

la vernice • paints

i colori ad olio
oil paints

gli acquarelli
watercolor paint

i pastelli
pastels

i colori acrilici
acrylic paint

la tempera
poster paint

i colori • colours

rosso
red

blu
blue

giallo
yellow

verde
green

arancione
orange

viola
purple

bianco
white

nero
black

grigio
gray

rosa
pink

marrone
brown

indaco
indigo

altri lavori artigianali • other crafts

il blocco per schizzi
sketch pad

lo schizzo
sketch

l'inchiostro
ink

la matita
pencil

il carboncino
charcoal

il disegno | drawing

la stampa
printing

l'incisione
engraving

la pietra
stone

il martello
mallet

lo scalpello
chisel

il legno
wood

l'attrezzo per
modellare
modeling tool

il tornio da
vasaio
potter's wheel

la scultura
sculpting

la falegnameria
woodworking

la colla
glue

il cartone
cardboard

l'argilla
clay

il collage | collage

la ceramica
pottery

l'oreficeria
jewelry-making

la cartapesta
papier-mâché

l'origami
origami

il modellismo
model-making

arte e artigianato 2 • arts and crafts 2

il guidafilo
thread guide

il rocchetto del filo
thread reel

l'ago
needle

la ruota
balance wheel

il piedino
presser foot

la piastrina
dell'ago
needle plate

il selezionatore
dei punti
stitch selector

la macchina da cucire | sewing machine

le forbici
scissors

il modello
pattern

il puntaspilli
pincushion

lo spillo
pin

il metro
tape measure

la stoffa
material

la cesta del cucito | sewing basket

il filo
thread

l'occhiello
eye

la bobina
bobbin

il gancio
hook

il ditale
thimble

il gesso
tailor's chalk

il manichino
tailor's dummy

il punto
stitch

infilare
thread (v)

cucire
sew (v)

rammendare
darn (v)

imbastire
tack (v)

tagliare
cut (v)

l'uncinetto
crochet hook

il mezzopunto
needlepoint

il ricamo
embroidery

**il lavoro
all'uncinetto**
crochet

il macramè
macramé

il patchwork
patchwork

la spoletta
lace bobbin

il telaio
loom

il trapunto
quilting

**la fabbricazione
dei merletti**
lace-making

la tessitura
weaving

il ferro da calza
knitting needle

la lana
wool

il lavoro a maglia | knitting

la matassa | skein

vocabolario • vocabulary

scucire
unpick (v)

il tessuto
fabric

il cotone
cotton

il lino
linen

il poliestere
polyester

il nailon
nylon

la seta
silk

lo stilista
designer

la moda
fashion

**la chiusura
lampo**
zipper

l'ambiente
environment

lo spazio • space

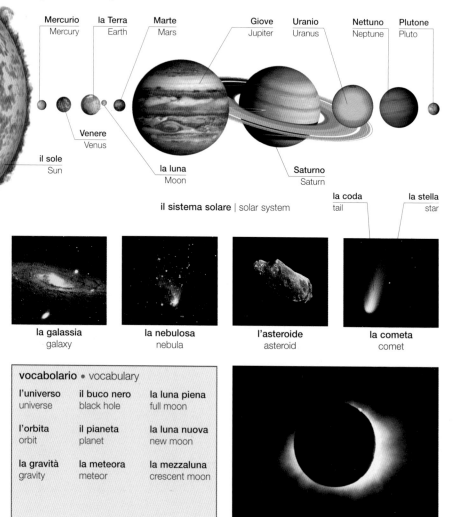

Mercurio | Mercury
la Terra | Earth
Marte | Mars
Giove | Jupiter
Urano | Uranus
Nettuno | Neptune
Plutone | Pluto

Venere | Venus

il sole | Sun

la luna | Moon

Saturno | Saturn

il sistema solare | solar system

la coda | tail

la stella | star

la galassia
galaxy

la nebulosa
nebula

l'asteroide
asteroid

la cometa
comet

---

vocabolario • vocabulary

l'universo universe	**il buco nero** black hole	**la luna piena** full moon
l'orbita orbit	**il pianeta** planet	**la luna nuova** new moon
la gravità gravity	**la meteora** meteor	**la mezzaluna** crescent moon

l'eclisse | eclipse

l'esplorazione dello spazio • space exploration

il radar
radar

lo shuttle
space shuttle

il reattore
thruster

lo sportello dell'equipaggio
crew hatch

la tuta spaziale
space suit

il lanciarazzi
booster

l'astronauta | astronaut

il modulo lunare | lunar module

la rampa di lancio
launch pad

il lancio
launch

il satellite
satellite

la stazione spaziale
space station

l'astronomia • astronomy

la costellazione
constellation

il binocolo
binoculars

il telescopio
telescope

il treppiede
tripod

la **Terra** • Earth

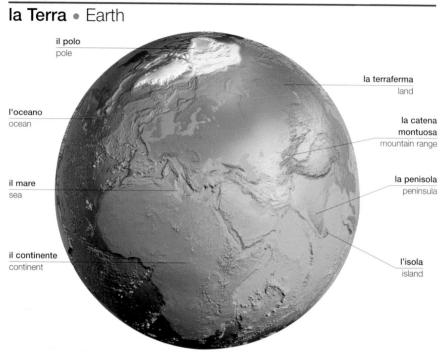

il **polo**
pole

la **terraferma**
land

l'**oceano**
ocean

la **catena**
montuosa
mountain range

il **mare**
sea

la **penisola**
peninsula

il **continente**
continent

l'**isola**
island

l'**atmosfera**
atmosphere

la **crosta**
crust

il **mantello**
mantle

il **nucleo**
interno
inner core

il **nucleo esterno**
outer core

il **pianeta** | planet

lo **spaccato**
section

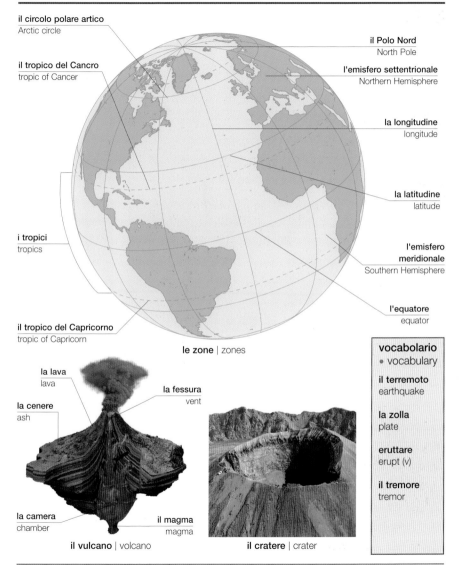

il circolo polare artico
Arctic circle

il tropico del Cancro
tropic of Cancer

i tropici
tropics

il tropico del Capricorno
tropic of Capricorn

il Polo Nord
North Pole

l'emisfero settentrionale
Northern Hemisphere

la longitudine
longitude

la latitudine
latitude

l'emisfero meridionale
Southern Hemisphere

l'equatore
equator

le zone | zones

la lava
lava

la cenere
ash

la fessura
vent

la camera
chamber

il magma
magma

il vulcano | volcano

il cratere | crater

vocabolario
• vocabulary

il terremoto
earthquake

la zolla
plate

eruttare
erupt (v)

il tremore
tremor

il paesaggio • landscape

la montagna
mountain

la pendice
slope

la riva
bank

il fiume
river

le rapide
rapids

le rocce
rocks

il ghiacciaio
glacier

la valle | valley

la collina
hill

l'altipiano
plateau

la gola
gorge

la caverna
cave

la pianura | plain

il deserto | desert

la foresta | forest

il bosco | wood

la foresta pluviale
rainforest

la palude
swamp

il pascolo
meadow

la prateria
grassland

la cascata
waterfall

il torrente
stream

il lago
lake

il geyser
geyser

la costa
coast

la scogliera
cliff

la barriera corallina
coral reef

l'estuario
estuary

il tempo • weather

l'esosfera
exosphere

l'aurora
aurora

la termosfera
thermosphere

la ionosfera
ionosphere

i raggi
ultravioletti
ultraviolet rays

la mesosfera
mesosphere

la stratosfera
stratosphere

lo strato di ozono
ozone layer

l'atmosfera | atmosphere

la troposfera
troposphere

la luce del sole
sunshine

il vento
wind

vocabolario • vocabulary

il nevischio sleet	il rovescio shower	caldo hot	secco dry	ventoso windy	Ho caldo/freddo. I'm hot/cold.
la grandine hail	soleggiato sunny	freddo cold	piovoso wet	la bufera gale	Sta piovendo. It's raining.
il tuono thunder	nuvoloso cloudy	tiepido warm	umido humid	la temperatura temperature	Fa ... gradi. It's ... degrees.

la nuvola
cloud

la pioggia
rain

il fulmine
lightning

la tempesta
storm

la foschia
mist

la nebbia
fog

l'arcobaleno
rainbow

il ghiacciolo
icicle

la neve
snow

il gelo
frost

il ghiaccio
ice

la gelata
freeze

l'uragano
hurricane

il tornado
tornado

il monsone
monsoon

l'inondazione
flood

le rocce • rocks

igneo • igneous

il granito
granite

l'ossidiana
obsidian

il basalto
basalt

la pomice
pumice

sedimentario • sedimentary

l'arenaria
sandstone

il calcare
limestone

il gesso
chalk

la selce
flint

il conglomerato
conglomerate

il carbone
coal

metamorfico • metamorphic

l'ardesia
slate

lo scisto
schist

lo gneiss
gneiss

il marmo
marble

le gemme • gems

il rubino
ruby

l'acquamarina
aquamarine

l'ametista
amethyst

il diamante
diamond

la giada
jade

il giaietto
jet

lo smeraldo
emerald

l'opale
opal

lo zaffiro
sapphire

la lunaria
moonstone

il granato
garnet

il topazio
topaz

la tormalina
tourmaline

i minerali • minerals

il quarzo
quartz

la mica
mica

lo zolfo
sulfur

l'ematite
hematite

la calcite
calcite

la malachite
malachite

il turchese
turquoise

l'onice
onyx

l'agata
agate

la grafite
graphite

i metalli • metals

l'oro
gold

l'argento
silver

il platino
platinum

il nichel
nickel

il ferro
iron

il rame
copper

lo stagno
tin

l'alluminio
aluminum

il mercurio
mercury

lo zinco
zinc

gli animali 1 • animals 1
i mammiferi • mammals

il coniglio
rabbit

il criceto
hamster

i baffi
whiskers

il topo
mouse

la coda
tail

il ratto
rat

il riccio
hedgehog

lo scoiattolo
squirrel

il pipistrello
bat

il procione
raccoon

la volpe
fox

il lupo
wolf

il cucciolo
puppy

il gattino
kitten

il cucciolo
pup

il cane
dog

il gatto
cat

la lontra
otter

la foca
seal

la pinna
flipper

lo sfiatatoio
blowhole

il leone marino
sea lion

il tricheco
walrus

la balena
whale

il delfino
dolphin

le corna
antler

la criniera
mane

lo zoccolo
hoof

la gobba
hump

il cervo
deer

la zebra
zebra

la giraffa
giraffe

il cammello
camel

la proboscide
trunk

la zanna
tusk

il corno
horn

l'ippopotamo
hippopotamus

l'elefante
elephant

il rinoceronte
rhinoceros

la tigre
tiger

la criniera
mane

il leone
lion

la scimmia
monkey

il gorilla
gorilla

il koala
koala

il marsupio
pouch

il panda
panda

l'artiglio
claw

il canguro
kangaroo

l'orso
bear

l'orso polare
polar bear

gli animali 2 • animals 2
gli uccelli • birds

il canarino
canary

il passero
sparrow

il colibrì
hummingbird

la coda
tail

la rondine
swallow

la cornacchia
crow

il piccione
pigeon

il picchio
woodpecker

il falco
falcon

il gufo
owl

il gabbiano
gull

l'aquila
eagle

il pellicano
pelican

il fenicottero
flamingo

la cicogna
stork

la gru
crane

il pinguino
penguin

lo struzzo
ostrich

i rettili • reptiles

l'oca | goose

il cigno
swan

il pavone
peacock

il fagiano
pheasant

il tacchino
turkey

il cacatoa
cockatoo

il pappagallo
parrot

il becco
bill

la piuma
feather

l'ala
wing

l'artiglio
claw

le scaglie
scales

l'alligatore
alligator

la lucertola
lizard

l'iguana
iguana

il guscio
shell

la testuggine
turtle

la tartaruga
tortoise

il serpente
snake

il muso
snout

il coccodrillo
crocodile

gli animali 3 • animals 3
gli anfibi • amphibians

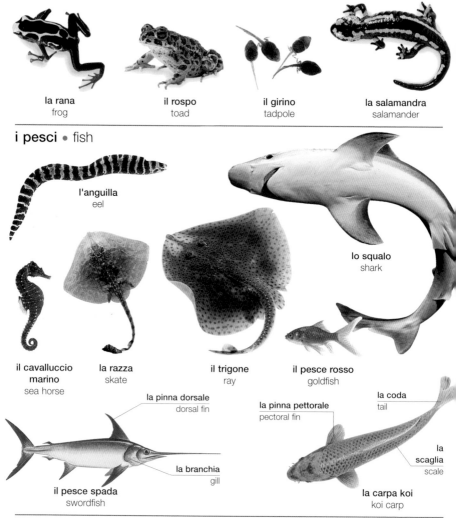

la rana
frog

il rospo
toad

il girino
tadpole

la salamandra
salamander

i pesci • fish

l'anguilla
eel

lo squalo
shark

il cavalluccio marino
sea horse

la razza
skate

il trigone
ray

il pesce rosso
goldfish

la pinna dorsale
dorsal fin

la pinna pettorale
pectoral fin

la coda
tail

la branchia
gill

la scaglia
scale

il pesce spada
swordfish

la carpa koi
koi carp

gli invertebrati • invertebrates

la formica
ant

la termite
termite

l'ape
bee

la vespa
wasp

lo scarafaggio
beetle

la blatta
cockroach

la falena
moth

la farfalla
butterfly

l'antenna
antenna

il bozzolo
cocoon

il bruco
caterpillar

il grillo
cricket

la cavalletta
grasshopper

la mantide religiosa
praying mantis

il pungiglione
sting

lo scorpione
scorpion

il millepiedi
centipede

la libellula
dragonfly

la mosca
fly

la zanzara
mosquito

la coccinella
ladybug

il ragno
spider

la lumaca
slug

la chiocciola
snail

il verme
worm

la stella di mare
starfish

la cozza
mussel

il granchio
crab

l'aragosta
lobster

la piovra
octopus

il calamaro
squid

la medusa
jellyfish

le piante • plants

l'albero • tree

il ramo
branch

la foglia
leaf

il ramoscello
twig

la corteccia
bark

il salice
willow

la radice
root

il tronco
trunk

la quercia
oak

il pioppo
poplar

l'eucalipto
eucalyptus

il larice
larch

il faggio
beech

la betulla
birch

il pino
pine

il cedro
cedar

l'acero
maple

l'olmo
elm

il tiglio
lime

l'agrifoglio
holly

la bacca
berry

la palma
palm

la pianta da fiori • flowering plant

il fiore
flower

lo stame
stamen

il petalo
petal

il calice
calyx

lo stelo
stalk

il gambo
stem

il bocciolo
bud

il ranuncolo
buttercup

la margherita
daisy

il cardo
thistle

il dente di leone
dandelion

l'erica
heather

il papavero
poppy

la digitale
foxglove

il caprifoglio
honeysuckle

il girasole
sunflower

il trifoglio
clover

i giacinti di bosco
bluebells

la primula
primrose

i lupini
lupines

l'ortica
nettle

la città • town

la strada
street

il ciglio
curb

l'angolo della strada
street corner

il negozio
shop

il crocevia
intersection

il senso
unico
one-way
system

il
marciapiede
sidewalk

il complesso
di uffici
office building

il
caseggiato
apartment
building

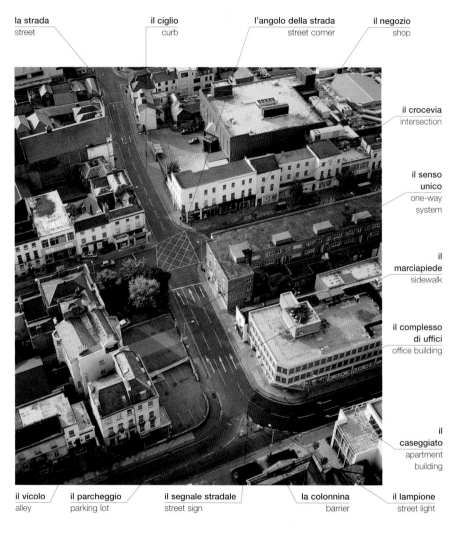

il vicolo
alley

il parcheggio
parking lot

il segnale stradale
street sign

la colonnina
barrier

il lampione
street light

gli edifici • buildings

il municipio
town hall

la biblioteca
library

il cinema
movie theater

il teatro
theater

l'università
university

il grattacielo
skyscraper

la scuola
school

le zone • areas

la zona industriale
industrial park

la città
city

la periferia
suburb

il villaggio
village

---

vocabolario • vocabulary

la zona pedonale pedestrian zone	**la via laterale** side street	**il tombino** utility cover	**la cunetta** gutter	**la chiesa** church
il viale avenue	**la piazza** square	**la fermata dell'autobus** bus stop	**la fabbrica** factory	**il canale di scolo** drain

---

l'archittettura • architecture

edifici e strutture • buildings and structures

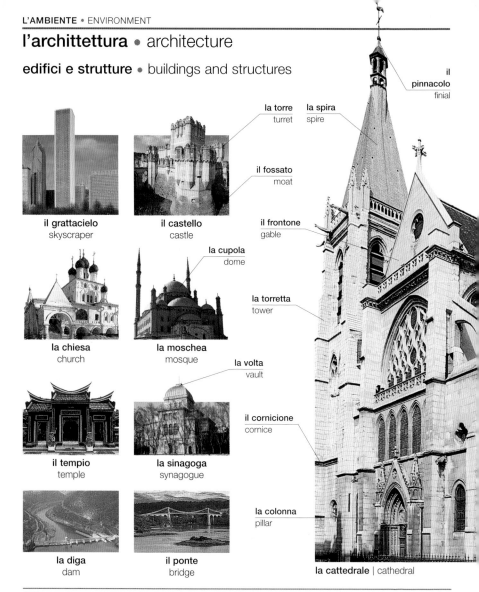

il pinnacolo
finial

la torre
turret

la spira
spire

il fossato
moat

il frontone
gable

la cupola
dome

la torretta
tower

la volta
vault

il cornicione
cornice

la colonna
pillar

il grattacielo
skyscraper

il castello
castle

la chiesa
church

la moschea
mosque

il tempio
temple

la sinagoga
synagogue

la diga
dam

il ponte
bridge

la cattedrale | cathedral

gli stili • styles

l'architrave
architrave

barocco
baroque

gotico
gothic

l'arco
arch

rinascimentale
Renaissance

il fregio
frieze

il coro
choir

rococò
rococo

il frontone
pediment

il contrafforte
buttress

neoclassico
neoclassical

l'art nouveau
Art Nouveau

art déco
Art Deco

i dati
reference

l'ora • time

la lancetta dei minuti
minute hand

la lancetta delle ore
hour hand

l'orologio
clock

<table>
<tr><td>

vocabolario • vocabulary

il secondo	**adesso**	**un quarto d'ora**
second	now	a quarter of an hour
il minuto	**più tardi**	**venti minuti**
minute	later	twenty minutes
l'ora	**una**	**quaranta minuti**
hour	**mezzora**	forty minutes
	half an hour	

Che ore sono?　　　　　　　**Sono le tre.**
What time is it?　　　　　　It's three o'clock.

</td></tr>
</table>

l'una e cinque
five after one

l'una e dieci
ten after one

l'una e un quarto
quarter after one

l'una e venti
twenty after one

la lancetta
dei secondi
second hand

l'una e venticinque
twenty-five after one

l'una e trenta
one thirty

**le due meno
venticinque**
twenty-five to two

le due meno venti
twenty to two

le due meno un quarto
quarter to two

le due meno dieci
ten to two

le due meno cinque
five to two

le due
two o'clock

la notte e il giorno • night and day

la mezzanotte
midnight

il sorgere del sole
sunrise

l'alba
dawn

il mattino
morning

il tramonto
sunset

il mezzogiorno
noon

l'imbrunire
dusk

la sera
evening

il pomeriggio
afternoon

vocabolario • vocabulary

presto early	**Sei in anticipo.** You're early.	**Per favore, vieni in orario.** Please be on time.	**A che ora finisce?** What time does it end?
in orario on time	**Sei in ritardo.** You're late.	**A più tardi.** I'll see you later.	**Quanto durerà?** How long will it last?
tardi late	**Arrivo subito.** I'll be there soon.	**A che ora inizia?** What time does it start?	**Si sta facendo tardi.** It's getting late.

il calendario • calendar

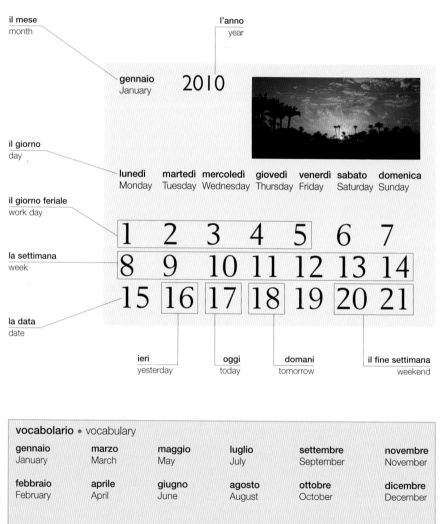

il mese
month

l'anno
year

gennaio
January

2010

lunedì **martedì** **mercoledì** **giovedì** **venerdì** **sabato** **domenica**
Monday Tuesday Wednesday Thursday Friday Saturday Sunday

il giorno
day

il giorno feriale
work day

1 2 3 4 5 6 7

la settimana
week

8 9 10 11 12 13 14

15 16 17 18 19 20 21

la data
date

ieri
yesterday

oggi
today

domani
tomorrow

il fine settimana
weekend

---

vocabolario • vocabulary

gennaio January	**marzo** March	**maggio** May	**luglio** July	**settembre** September	**novembre** November
febbraio February	**aprile** April	**giugno** June	**agosto** August	**ottobre** October	**dicembre** December

gli anni • years

1900 **millenovecento** • nineteen hundred

1901 **millenovecentouno** • nineteen hundred and one

1910 **millenovecentodieci** • nineteen ten

2000 **duemila** • two thousand

2001 **duemilauno** • two thousand and one

le stagioni • seasons

la primavera
spring

l'estate
summer

l'autunno
fall

l'inverno
winter

vocabolario • vocabulary

il secolo
century

la decade
decade

il millennio
millennium

questa settimana
this week

la settimana scorsa
last week

la settimana prossima
next week

l'altroieri
the day before yesterday

il dopodomani
the day after tomorrow

settimanale
weekly

mensile
monthly

annuo
annual

Oggi che giorno è?
What's the date today?

È il sette febbraio, duemiladue.
It's February seventh, two thousand and two.

i numeri • numbers

0	**zero** • zero	20	**venti** • twenty
1	**uno** • one	21	**ventuno** • twenty-one
2	**due** • two	22	**ventidue** • twenty-two
3	**tre** • three	30	**trenta** • thirty
4	**quattro** • four	40	**quaranta** • forty
5	**cinque** • five	50	**cinquanta** • fifty
6	**sei** • six	60	**sessanta** • sixty
7	**sette** • seven	70	**settanta** • seventy
8	**otto** • eight	80	**ottanta** • eighty
9	**nove** • nine	90	**novanta** • ninety
10	**dieci** • ten	100	**cento** • one hundred
11	**undici** • eleven	110	**centodieci** • one hundred and ten
12	**dodici** • twelve	200	**duecento** • two hundred
13	**tredici** • thirteen	300	**trecento** • three hundred
14	**quattordici** • fourteen	400	**quattrocento** • four hundred
15	**quindici** • fifteen	500	**cinquecento** • five hundred
16	**sedici** • sixteen	600	**seicento** • six hundred
17	**diciassette** • seventeen	700	**settecento** • seven hundred
18	**diciotto** • eighteen	800	**ottocento** • eight hundred
19	**diciannove** • nineteen	900	**novecento** • nine hundred

1,000 **mille** • one thousand

10,000 **diecimila** • ten thousand

20,000 **ventimila** • twenty thousand

50,000 **cinquantamila** • fifty thousand

55,500 **cinquantacinquemilacinquecento** • fifty-five thousand five hundred

100,000 **centomila** • one hundred thousand

1,000,000 **un milione** • one million

1,000,000,000 **un miliardo** • one billion

primo
first

secondo
second

terzo
third

sedicesimo
• sixteenth

trentesimo
• thirtieth

diciassettesimo
• seventeenth

quarantesimo
• fortieth

diciottesimo
• eighteenth

cinquantesimo
• fiftieth

diciannovesimo
• nineteenth

sessantesimo
• sixtieth

ventesimo
• twentieth

settantesimo
• seventieth

quarto • fourth

decimo • tenth

ventunesimo
• twenty-first

ottantesimo
• eightieth

quinto • fifth

undicesimo • eleventh

ventiduesimo
• twenty-second

novantesimo
• ninetieth

sesto • sixth

dodicesimo • twelfth

settimo • seventh

tredicesimo • thirteenth

ventitreesimo
• twenty-third

centesimo
• hundredth

ottavo • eighth

quattordicesimo • fourteenth

nono • ninth

quindicesimo • fifteenth

i pesi e le misure • weights and measures

la superficie • area

il piede quadro
square foot

il metro quadro
square metre

la distanza • distance

il chilometro
kilometer

il miglio
mile

il piatto
pan

la libbra
pound

l'oncia
ounce

il chilogrammo
kilogram

il grammo
gram

la bilancia | scales

vocabolario • vocabulary

la iarda yard	**la tonnellata** ton	**misurare** measure (v)
il metro meter	**il milligrammo** milligram	**pesare** weigh (v)

la lunghezza • length

il piede
foot

HELIX
Made in England

il millimetro
millimeter

il centimetro
centimeter

il pollice
inch

la capacità • capacity

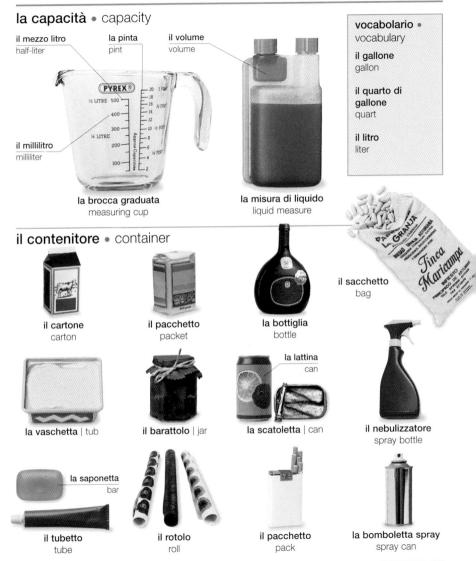

il mezzo litro
half-liter

la pinta
pint

il volume
volume

il millilitro
milliliter

la brocca graduata
measuring cup

la misura di liquido
liquid measure

vocabolario • vocabulary

il gallone
gallon

il quarto di gallone
quart

il litro
liter

il contenitore • container

il cartone
carton

il pacchetto
packet

la bottiglia
bottle

il sacchetto
bag

la vaschetta | tub

il barattolo | jar

la scatoletta | can

la lattina
can

il nebulizzatore
spray bottle

la saponetta
bar

il tubetto
tube

il rotolo
roll

il pacchetto
pack

la bomboletta spray
spray can

---

italiano • english

311

il mappamondo • world map

il Mare del Nord
North Sea

l'Oceano Artico
Arctic Ocean

le Montagne Rocciose
Rocky Mountains

il Mar dei Caraibi
Caribbean Sea

l'Amazzonia
Amazonia

l'Oceano Pacifico
Pacific Ocean

il nord
north

l'ovest
west

l'est
east

la bussola
compass

le Ande
Andes

il sud
south

l'Oceano Atlantico
Atlantic Ocean

il Mar Baltico
Baltic Sea

il Mar Mediterraneo
Mediterranean Sea

la Siberia
Siberia

il Mar Nero
Black Sea

il Mar Caspio
Caspian Sea

l'Himalaia
Himalayas

il Mare Arabico
Arabian Sea

l'Oceano Indiano
Indian Ocean

il Mar Rosso
Red Sea

il Sahara
Sahara Desert

l'Oceano Antartico
Southern Ocean

italiano • english

l'America del Nord e Centrale • North and Central America

le Hawaii
Hawaii

1 **l'Alaska** • Alaska
2 **il Canada** • Canada
3 **la Groenlandia** • Greenland
4 **gli Stati Uniti d'America**
 • United States of America
5 **il Messico** • Mexico
6 **il Guatemala** • Guatemala
7 **il Belize** • Belize
8 **l'El Salvador** • El Salvador
9 **l'Honduras** • Honduras
10 **il Nicaragua** • Nicaragua
11 **il Costa Rica** • Costa Rica
12 **il Panama** • Panama
13 **Cuba** • Cuba
14 **le Bahamas** • Bahamas
15 **la Giamaica** • Jamaica
16 **Haiti** • Haiti
17 **la Repubblica Dominicana**
 • Dominican Republic
18 **Puerto Rico** • Puerto Rico
19 **Barbados** • Barbados
20 **Trinidad e Tobago** • Trinidad and Tobago
21 **Saint Kitts-Nevis** • St. Kitts and Nevis

22 **Antigua e Barbuda** • Antigua and Barbuda
23 **Dominica** • Dominica
24 **Saint Lucia** • St. Lucia
25 **Saint Vincent e Grenadine**
 • St. Vincent and The Grenadines
26 **Grenada** • Grenada

l'America del Sud • South America

1 **il Venezuela** • Venezuela

2 **la Colombia** • Colombia

3 **l'Ecuador** • Ecuador

4 **il Perù** • Peru

5 **le Isole Galapagos**
  • Galapagos Islands

6 **la Guyana** • Guyana

7 **il Suriname** • Suriname

8 **la Guyana Francese**
  • French Guiana

9 **il Brasile** • Brazil

10 **la Bolivia** • Bolivia

11 **il Cile** • Chile

12 **l'Argentina** • Argentina

13 **il Paraguay** • Paraguay

14 **l'Uruguay** • Uruguay

15 **le Isole Falkland** • Falkland Islands

vocabolario • vocabulary

il paese country	**la provincia** province	**il distretto** district
la nazione nation	**il territorio** territory	**la zona** zone
lo stato state	**il principato** principality	**la regione** region
il continente continent	**la colonia** colony	**la capitale** capital

l'Europa • Europe

1 **l'Irlanda** • Ireland
2 **il Regno Unito**
 • United Kingdom
3 **il Portogallo** • Portugal
4 **la Spagna** • Spain
5 **le Isole Baleari**
 • Balearic Islands
6 **Andorra** • Andorra
7 **la Francia** • France
8 **il Belgio** • Belgium
9 **i Paesi Bassi** • Netherlands
10 **il Lussemburgo**
 • Luxembourg
11 **la Germania** • Germany
12 **la Danimarca** • Denmark
13 **la Norvegia** • Norway
14 **la Svezia** • Sweden
15 **la Finlandia** • Finland
16 **l'Estonia** • Estonia
17 **la Lettonia** • Latvia
18 **la Lituania** • Lithuania
19 **Kaliningrad** • Kaliningrad
20 **la Polonia** • Poland
21 **la Repubblica Ceca**
 • Czech Republic
22 **l'Austria** • Austria
23 **il Liechtenstein**
 • Liechtenstein
24 **la Svizzera**
 • Switzerland
25 **l'Italia** • Italy
26 **Monaco**
 • Monaco
27 **la Corsica**
 • Corsica
28 **la Sardegna**
 • Sardinia
29 **San Marino** • San Marino

30 **la Città del Vaticano**
 • Vatican City
31 **la Sicilia** • Sicily
32 **Malta** • Malta
33 **la Slovenia** • Slovenia
34 **la Croazia** • Croatia
35 **l'Ungheria** • Hungary
36 **la Slovacchia** • Slovakia
37 **l'Ucraina** • Ukraine
38 **la Bielorussia** • Belarus
39 **la Moldavia** • Moldova

40 **la Romania** • Romania
41 **la Serbia** • Serbia
42 **la Bosnia ed Erzegovina**
 • Bosnia and Herzogovina
43 **l'Albania** • Albania
44 **la Macedonia** • Macedonia
45 **la Bulgaria** • Bulgaria
46 **la Grecia** • Greece
47 **il Kosovo** • Kosovo
48 **Montenegro** • Montenegro
49 **l'Islanda** • Iceland

l'Africa • Africa

1 il **Marocco** • Morocco

2 il **Sahara Occidentale**
 • Western Sahara

3 la **Mauritania**
 • Mauritania

4 il **Senegal** • Senegal

5 il **Gambia** • Gambia

6 la **Guinea-Bissau**
 • Guinea-Bissau

7 la **Guinea** • Guinea

8 **Sierra Leone**
 • Sierra Leone

9 la **Liberia** • Liberia

10 la **Costa d'Avorio**
 • Ivory Coast

11 il **Burkina Faso**
 • Burkina Faso

12 il **Mali** • Mali

13 l'**Algeria** • Algeria

14 la **Tunisia** • Tunisia

15 la **Libia** • Libya

16 il **Niger** • Niger

17 il **Ghana** • Ghana

18 il **Togo** • Togo

19 il **Benin** • Benin

20 la **Nigeria** • Nigeria

21 **São Tomé e Príncipe**
 • São Tomé and Principe

22 la **Guinea Equatoriale**
 • Equatorial Guinea

23 il **Camerun** • Cameroon

24 il **Ciad** • Chad

25 l'**Egitto** • Egypt

26 il **Sudan** • Sudan

27 il **Sudan del Sud**
 • South Sudan

28 l'**Eritrea** • Eritrea

29 **Gibuti** • Djibouti

30 l'**Etiopia** • Ethiopia

31 la **Somalia** • Somalia

32 il **Kenya** • Kenya

33 l'**Uganda** • Uganda

34 la **Repubblica Centrafricana**
 • Central African Republic

35 il **Gabon** • Gabon

36 il **Congo** • Congo

37 **Cabinda (Angola)**
 • Cabinda (Angola)

38 la **Repubblica Democratica del Congo** • Democratic Republic of the Congo

39 il **Ruanda** • Rwanda

40 il **Burundi** • Burundi

41 la **Tanzania** • Tanzania

42 il **Mozambico** • Mozambique

43 il **Malawi** • Malawi

44 lo **Zambia** • Zambia

45 l'**Angola** • Angola

46 la **Namibia** • Namibia

47 il **Botswana** • Botswana

48 lo **Zimbabwe** • Zimbabwe

49 il **Sud Africa** • South Africa

50 il **Lesotho** • Lesotho

51 lo **Swaziland** • Swaziland

52 le **Comore** • Comoros

53 il **Madagascar** • Madagascar

54 **Mauritius** • Mauritius

l'Asia • Asia

1 la Turchia • Turkey
2 Cipro • Cyprus
3 la Federazione Russa
 • Russian Federation
4 la Georgia • Georgia
5 l'Armenia • Armenia
6 l'Azerbaigian • Azerbaijan
7 l'Iran • Iran
8 l'Iraq • Iraq
9 la Siria • Syria
10 il Libano • Lebanon
11 l'Israele • Israel
12 la Giordania • Jordan
13 l'Arabia Saudita
 • Saudi Arabia
14 il Kuwait • Kuwait
15 il Bahrain • Bahrain
16 il Qatar • Qatar
17 gli Emirati Arabi Uniti
 • United Arab Emirates
18 l'Oman • Oman
19 lo Yemen • Yemen
20 il Kazakistan • Kazakhstan
21 l'Uzbekistan • Uzbekistan
22 il Turkmenistan • Turkmenistan
23 l'Afghanistan • Afghanistan
24 il Tagikistan • Tajikistan
25 il Kirghizistan • Kyrgyzstan
26 il Pakistan • Pakistan
27 l'India • India
28 le Maldive • Maldives
29 lo Sri Lanka • Sri Lanka
30 la Cina • China
31 la Mongolia • Mongolia
32 la Corea del Nord • North Korea
33 la Corea del Sud • South Korea
34 il Giappone • Japan

35 il Nepal • Nepal
36 il Bhutan • Bhutan
37 il Bangladesh • Bangladesh
38 la Birmania (il Myanmar) •
 Burma (Myanmar)
39 la Tailandia • Thailand
40 il Laos • Laos
41 il Vietnam • Viet Nam

l'Oceania • Australasia

1 **l'Australia** • Australia
2 **la Tasmania** • Tasmania
3 **la Nuova Zelanda** • New Zealand

31
32 34
33
30

42 **la Cambogia** • Cambodia
43 **la Malaysia** • Malaysia
44 **Singapore** • Singapore
45 **l'Indonesia** • Indonesia
46 **Brunei** • Brunei
47 **le Filippine** • Philippines
48 **Timor Est** • East Timor
49 **la Papua Nuova Guinea**
   • Papua New Guinea
50 **le Isole Salomone** • Solomon Islands
51 **Vanuatu** • Vanuatu
52 **Figi** • Fiji

41
40
39
42
46
47
43
44
45
45
45
45
49
50
48
51
52

particelle e antonimi • particles and antonyms

a to	**da** from	**per** for	**verso** toward
sopra over	**sotto** under	**lungo** along	**attraverso** across
davanti in front of	**dietro** behind	**con** with	**senza** without
sopra onto	**dentro** into	**prima** before	**dopo** after
dentro in	**fuori** out	**entro** by	**fino** until
sopra above	**sotto** below	**di buon'ora** early	**in ritardo** late
all'interno inside	**all'esterno** outside	**adesso** now	**più tardi** later
su up	**giù** down	**sempre** always	**mai** never
a at	**oltre** beyond	**sovente** often	**raramente** rarely
attraverso through	**attorno** around	**ieri** yesterday	**domani** tomorrow
in cima on top of	**accanto** beside	**primo** first	**ultimo** last
tra between	**di fronte** opposite	**tutti** every	**alcuni** some
vicino near	**lontano** far	**circa** about	**esattamente** exactly
qui here	**là** there	**un poco** a little	**molto** a lot

grande large	**piccolo** small	**caldo** hot	**freddo** cold
largo wide	**stretto** narrow	**aperto** open	**chiuso** closed
alto tall	**basso** short	**pieno** full	**vuoto** empty
alto high	**basso** low	**nuovo** new	**vecchio** old
spesso thick	**sottile** thin	**chiaro** light	**scuro** dark
leggero light	**pesante** heavy	**facile** easy	**difficile** difficult
duro hard	**morbido** soft	**libero** free	**occupato** occupied
bagnato wet	**asciutto** dry	**forte** strong	**debole** weak
buono good	**cattivo** bad	**grasso** fat	**magro** thin
veloce fast	**lento** slow	**giovane** young	**vecchio** old
giusto correct	**sbagliato** wrong	**migliore** better	**peggiore** worse
pulito clean	**sporco** dirty	**nero** black	**bianco** white
bellissimo beautiful	**brutto** ugly	**interessante** interesting	**noioso** boring
caro expensive	**a buon prezzo** cheap	**malato** sick	**bene** well
silenzioso quiet	**rumoroso** noisy	**l'inizio** beginning	**la fine** end

frasi utili • useful phrases

frasi essenziali
• essential phrases

Sì
Yes

No
No

Forse
Maybe

Per favore
Please

Grazie
Thank you

Prego
You're welcome

Mi scusi
Excuse me

Mi dispiace
I'm sorry

No
Don't

D'accordo
OK

Vabbene
That's fine

È giusto
That's correct

È sbagliato
That's wrong

saluti
• greetings

Buongiorno
Hello

Arrivederci
Goodbye

Buongiorno
Good morning

Buon pomeriggio
Good afternoon

Buona sera
Good evening

Buona notte
Good night

Come sta?
How are you?

Mi chiamo…
My name is…

Come si chiama?
What is your name?

Come si chiama lui/lei?
What is his/her name?

Le presento…
May I introduce…

Questo è…
This is…

Piacere di conoscerla
Pleased to meet you

A più tardi
See you later

insegne • signs

Ufficio informazioni turistiche
Tourist information

Entrata
Entrance

Uscita
Exit

Uscita di emergenza
Emergency exit

Spingere
Push

Pericolo
Danger

Vietato fumare
No smoking

Guasto
Out of order

Orario di apertura
Opening times

Ingresso libero
Free admission

Ridotto
Reduced

Saldi
Sale

Bussare prima di entrare
Knock before entering

Non calpestare l'erba
Keep off the grass

aiuto • help

Mi può aiutare?
Can you help me?

Non capisco
I don't understand

Non lo so
I don't know

Parla inglese, francese…?
Do you speak English, French…?

Parlo inglese, spagnolo…
I speak English, Spanish…

Parli più lentamente
Please speak more slowly

Me lo scriva, per favore
Please write it down for me

Ho perso…
I have lost…

indicazioni •
directions

Mi sono perso/a
I am lost

Dov'è il/la…?
Where is the…?

Dov'è il/la … più vicino/a?
Where is the nearest…?

Dov'è il bagno?
Where are the restrooms?

Come si arriva a…?
How do I get to…?

A destra
To the right

A sinistra
To the left

Sempre dritto
Straight ahead

Quant'è lontano…?
How far is…?

i cartelli stradali
• road signs

Pedaggio
Toll

Attenzione
Caution

Ingresso vietato
No entry

Rallentare
Slow down

Deviazione
Detour

Giri a destra
Turn right

Autostrada
Freeway

Sosta vietata
No parking

Divieto di transito
No through road

Senso unico
One-way street

Escluso residenti
Residents only

Lavori in corso
Road construction

Incrocio pericoloso
Dangerous intersection

alloggio
• accommodation

Ho una prenotazione
I have a reservation

A che ora è la colazione?
What time is breakfast?

Dov'è la sala da pranzo?
Where is the dining room?

Il mio numero di stanza è …
My room number is …

Tornerò alle …
I'll be back at … o'clock

Parto domani
I'm leaving tomorrow

cibo e bevande
• eating and drinking

Salute!
Cheers!

È buonissimo/ disgustoso
It's delicious/awful

Non bevo/fumo
I don't drink/smoke

Non mangio la carne
I don't eat meat

Per me basta, grazie
No more for me, thank you

Posso prenderne ancora?
May I have some more?

Il conto, per favore.
May we have the bill/check?

Mi dà una ricevuta?
Can I have a receipt?

Area riservata ai fumatori
Smoking area

la salute
• health

Non mi sento bene
I don't feel well

Ho la nausea
I feel sick

Mi fa male …
I have a pain in …

Dove posso trovare un medico?
Where can I find a doctor?

Starà bene?
Will he/she be all right?

Mi fa male qui
It hurts here

Ho la febbre
I have a fever

Sono incinta di … mesi
I'm … months pregnant

Avrei bisogno di una ricetta per …
I need a prescription for …

Generalmente prendo …
I normally take …

Sono allergico a …
I'm allergic to …

indice italiano • Italian index

italiano

italiano

italiano

italiano

italiano

italiano

italiano

italiano

indice inglese • English index

english

english

english

english

english

italiano • english

english

english

english

english

english

italiano • english

english

english

english

ringraziamenti • acknowledgments

DORLING KINDERSLEY would like to thank Tracey Miles and Christine Lacey for design assistance, Georgina Garner for editorial and administrative help, Sonia Gavira, Polly Boyd, and Cathy Meeus for editorial help, and Claire Bowers for compiling the DK picture credits.

The publisher would like to thank the following for their kind permission to reproduce their photographs:

Abbreviations key: a-above; b-below/bottom; c-center; f-far; l-left; r-right; t-top

123RF.com: Andriy Popov 34tl; Daniel Ernst 179tc; Hongqi Zhang 24cla. 175cr; Ingvar Bjork 60c; Kobby Dagan 259c; leonardo255 269c; Liubov Vadimovna (Luba) Nel 39cla; Ljupco Smokovski 75crb; Oleksandr Marynchenko 60bl; Olga Popova 33c; oneblink 49bc; Racorn 162tl; Robert Churchill 94c; Roman Gorielov 33bc; Ruslan Kudrin 35bc, 35br; Subbotina 39cra; Sutichak Yachaingkham 39tc; Tarzhanova 37c; Vitaly Valua 39tl; Wavebreak Media Ltd 188bl; Wilawan Khasawong 75cb; **Action Plus:** 224bc; **Alamy Images:** 154t; A.T. Willett 287bcl; Alex Segre 105ca, 105cb, 195cl; Ambrophoto 24cra; Blend Images 168bc; Cultura RM 33r; Doug Houghton 107fbr; Ekkapon Sriharun 172bl; Hugh Threlfall 35tl; 176tr; Ian Allenden 48br; Ian Dagnall (iPod is a trademark of Apple Inc., registered in the U.S. and other countries) 268tc, 270t; Ievgen Chepil 250bc; imagebroker 199tl, 249c; keith morris 178c; Martyn Evans 210b; MBI 175tl; Michael Burrell 213cra; Michael Foyle 184bl; Oleksiy Maksymenko 105tc; Paul Weston 168br; Prisma Bildagentur AG 246b; Radharc Images 197tr; RBtravel 112tl; Ruslan Kudrin 176tl; Sasa Huzjak 258t; Sergey Kravchenko 37ca; Sergio Azenha 270bc; Stanca Sanda (iPad is a trademark of Apple Inc., registered in the U.S. and other countries) 176bc; Stock Connection 287bcr; tarczas 35cr; vitaly suprun 176cl; Wavebreak Media ltd 39cl, 174b, 175tr; **Allsport/Getty Images:** 238cl; **Alvey and Towers:** 209 acr, 215bcl, 215bcr, 241cr; **Peter Anderson:** 188cbr, 271br. **Anthony Blake Photo Library:** Charlie Stebbings 114cl; John Sims 114tcl; **Andyalte:** 98tl; **apple mac computers:** 268tcr; **Arcaid:** John Edward Linden 301bl; Martine Hamilton Knight, Architects: Chapman Taylor Partners, 213cl; Richard Bryant 301br; **Argos:** 41tcl, 66cbl, 66cl, 66br, 66bcl, 69cl, 70bcl, 71t, 77tl, 269tc, 270tl; **Axiom:** Eitan Simanor 105bcr; Ian Cumming 104; Vicki Couchman 148cr; **Beken Of Cowes Ltd:** 215cbc; **Bosch:** 76tcr, 76tc, 76tcl; **Camera Press:** 38tr, 256t, 257cr; Barry J Holmes 148tr; Jane Hanger 159cr; Mary Germanou 259bc; **Corbis:** 78b; Anna Clopet 247tr; Ariel Skelley / Blend Images 52l; Bettmann 181tl, 181tr; Blue Jean Images 48bl; Bo Zauders 156t; Bob Rowan 152bl; Bob Winsett 247cbl; Brian Bailey 247br; Carl and Ann Purcell 162l; Chris Rainer 247ctl; Craig Aurness 215bl; David H.Wells 249cbr; Dennis Marsico

274bl; Dimitri Lundt 236bc; Duomo 211tl; Gail Mooney 277ctcr; George Lepp 248c; Gerald Nowak 239b; Gunter Marx 248cr; Jack Hollingsworth 231bl; Jacqui Hurst 277cbr; James L. Amos 247bl, 191ctr, 280cr; Jan Butchofsky 277cbc; Johnathan Blair 243cr; Jose F. Poblete 191br; Jose Luis Pelaez.Inc 153tc; Karl Weatherly 220bl, 247tcr; Kelly Mooney Photography 259tl; Kevin Fleming 249bc; Kevin R. Morris 105tr, 243tl, 243tc; Kim Sayer 257tr; Lynn Goldsmith 258t; Macduff Everton 231bcl; Mark Gibson 249bl; Mark L. Stephenson 249tcl; Michael Pole 115tr; Michael S. Yamashita 247ctcl; Mike King 247cbl; Neil Rabinowitz 214br; Pablo Corral 115bc; Paul A. Sounders 169br, 249ctcl; Paul J. Sutton 224cc, 224br; Phil Schermeister 227b, 248tr; R. W Jones 309; Richard Morrell 189bc; Rick Doyle 241ctr; Robert Holmes 97br, 277ctc; Roger Ressmeyer 169tr; Russ Schleipman 229; The Purcell Team 211ctr; Vince Streano 194t; Wally McNamee 220bcl; Wavebreak Media LTD 191bc; Yann Arhus-Bertrand 249tl; **Demetrio Carrasco / Dorling Kindersley (c) Herge / Les Editions Casterman:** 112ccl; **Dorling Kindersley:** Banbury Museum 35c; Five Napkin Burger 152t; **Dixons:** 270cl, 270cr, 270bl, 270bcl, 270bcr, 270ccr; **Dreamstime.com:** Alexander Podshivalov 179tr, 191cr; Alexxl66 268tl; Andersaphoto 176tc; Andrey Popov 191bl; Arne9001 190tl; Chaoss 26c; Designsstock 269cl; Monkey Business Images 26clb; Paul Michael Hughes 162tr; Serghei Starus 190bc; **Education Photos:** John Walmsley 26tl; **Empics Ltd:** Adam Day 236br; Andy Heading 243c; Steve White 249cbc; **Getty Images:** 48bcl, 100t, 114bcr, 154bl, 287tr; 94tr; Don Farrall / Digital Vision 176c; Ethan Miller 270bl; Inti St Clair 179bl; Liam Norris 188br; Sean Justice / Digital Vision 24br; **Dennis Gilbert:** 106tc; **Hulsta:** 70t; **Ideal Standard Ltd:** 72r; **The Image Bank/Getty Images:** 58; **Impact Photos:** Eliza Armstrong 115cr; Philip Achache 246t; **The Interior Archive:** Henry Wilson, Alfie's Market 114bl; Luke White, Architect: David Mikhail, 59tl; Simon Upton, Architect: Phillippe Starck, St Martins Lane Hotel 100bcr, 100br; **iStockphoto.com:** asterix0597 163tl; EdStock 190br; RichLegg 26bc; SorinVidis 27cr; **Jason Hawkes Aerial Photography:** 216t; **Dan Johnson:** 35r; **Kos Pictures Source:** 215cbl, 240tc, 240tr; David Williams 216b; **Lebrecht Collection:** Mark Caton 169bc; **MP Visual.com:** Mark Swallow 202t; **NASA:** 280cr, 280ccl, 281tl; **P&O Princess Cruises:** 214bl; **P A Photos:** 181br; **The Photographers' Library:** 186bl, 186bc, 186t; **Plain and Simple Kitchens:** 66t; **Powerstock Photolibrary:** 169tl, 256t, 287cc; **PunchStock:** Image Source 195tr; **Rail Images:** 208c, 208 cbl, 209br; **Red Consultancy:** Odeon cinemas 257br; **Redferns:** 259br; Nigel Crane 259c; **Rex**

Features: 106br, 259tc, 259tr, 259bl, 280b; Charles Ommaney 114tcr; J.F.F Whitehead 243cl; Patrick Barth 101tl; Patrick Frilet 189cbl; Scott Wiseman 287bl; **Royalty Free Images:** Getty Images/Eyewire 154bl; **Science & Society Picture Library:** Science Museum 202b; **Science Photo Library:** IBM Research 190cla; NASA 281cr; **SuperStock:** Ingram Publishing 62; Juanma Aparicio / age fotostock 172t; Nordic Photos 269tl; **Skyscan:** 168t, 182c, 298; Quick UK Ltd 212; **Sony:** 268bc; **Robert Streeter:** 154br; **Neil Sutherland:** 82tr, 83tl, 90t, 118, 188ctr, 192, 218, 252, 260br, 299bl; **The Travel Library:** Stuart Black 264t; **Travelex:** 97cl; **Vauxhall:** Technik 198t, 199tl, 199tr, 199cl, 199cr, 199ctcl, 199cctr, 199tcl, 199tccr, 200; **View Pictures:** Dennis Gilbert, Architects: ACDP Consulting, 106tr; Dennis Gilbert, Chris Wilkinson Architects, 209tr; Peter Cook, Architects: Nicholas Crimshaw and partners, 208t; **Betty Walton:** 185br; **Colin Walton:** 2, 4, 7, 9, 10, 28, 42, 56, 92, 95c, 99tl, 99ctcl, 102, 116, 120t, 138t, 146, 150t, 160, 170, 191ctcl, 192, 218, 252, 260br, 260l, 261tr, 261c, 261cr, 271cbl, 271cbr, 278, 287br, 302, 401.

DK PICTURE LIBRARY:
Akhil Bahkshi; Patrick Baldwin; Geoff Brightling; British Museum; John Bulmer; Andrew Butler; Joe Cornish; Brian Cosgrove; Andy Crawford and Kit Hougton; Philip Dowell; Alistair Duncan; Gables; Bob Gathany; Norman Hollands; Kew Gardens; Peter James Kindersley; Vladimir Kozlik; Sam Lloyd; London Northern Bus Company Ltd; Tracy Morgan; David Murray and Jules Selmes; Musée Vivant du Cheval, France; Museum of Broadcast Communications; Museum of Natural History; NASA; National History Museum; Norfolk Rural Life Museum; Stephen Oliver; RNLI; Royal Ballet School; Guy Ryecart; Science Museum; Neil Setchfield; Ross Simms and the Winchcombe Folk Police Museum; Singapore Symphony Orchestra; Smart Museum of Art; Tony Souter; Erik Svensson and Jeppe Wikstrom; Sam Tree of Keygrove Marketing Ltd; Barrie Watts; Alan Williams; Jerry Young.

Additional Photography by Colin Walton.

Colin Walton would like to thank:
A&A News, Uckfield; Abbey Music, Tunbridge Wells; Arena Mens Clothing, Tunbridge Wells; Burrells of Tunbridge Wells; Gary at Di Marco's; Jeremy's Home Store, Tunbridge Wells; Noakes of Tunbridge Wells; Ottakar's, Tunbridge Wells; Selby's of Uckfield; Sevenoaks Sound and Vision; Westfield, Royal Victoria Place, Tunbridge Wells.

All other images © Dorling Kindersley
For further information see: www.dkimages.com